Erste Veröffentlichung durch:
Bogle-L'Ouverture Publications Ltd.,
141 Coldershaw Road,
Ealing, London W 13 9DU
ISBN 904521 06 0

Deutsche Rechte bei:
Buchverlag Michael Schwinn,
Schlesierstraße 25, 3057 Neustadt
ISBN 3-925077-01-4

1. Auflage Mai 1984
2. Auflage Mai 1985
3. Auflage November 1987

Deutsche Übertragung:
Angela Schader, Zürich

Umschlagentwurf:
Joachim Reidemeister, Berlin

Photos
Heidemarie Hecht, Berlin
Stephan Schwinn, Neustadt/Rbge.

Dread Beat and Blood

von

Linton Kwesi Johnson

mit einer Einführung

von

Ulli Güldner

Buchverlag Michael Schwinn

INHALTSVERZEICHNIS

Vorwort des Herausgebers

Wir haben dieses Buch verlegt, weil wir glauben, daß seine Sprache es wert ist, gelesen zu werden, auch wenn der mündliche Vortrag noch eindrucksvoller ist.

Wir wünschen diesem Buch, was man nie genug haben kann:

Good vibrations.

Juli 1984

Einführung

Linton Kwesi Johnson, der politische Aktivist, ist sicherlich wichtiger als Linton Kwesi Johnson, der Musiker, Schriftsteller und Poet. Schließlich hat er all die Themen, die er in seinen Poems artikuliert, tagtäglich vor Augen. Er arbeitet zusammen mit seinem Freund Darcus Howe bei *Race Today*, einem radikalen schwarzen Kollektiv in Brixtons Railton Road, das den Widerstand in der *Community* nicht nur in Worte faßt, sondern mitträgt und mitorganisiert. Der Redaktionssitz von *Race Today* ist für Linton zum Ausgangspunkt aller Aktionen geworden. Hier wurden Resistenz-Komitees gebildet als der *Railton Road Youth Club*, das schwarze Kommunikationszentrum der Gemeinde, von der polizeilichen Räumung bedroht wurde und hier hat Linton auch oft die Schicksale einzelner in Gedichten formuliert. Leute wie George Lindo waren darunter, ein junger Schwarzer, der seine 13monatige Haftstrafe einem Justizirrtum verdankte und dessen Fall Linton so lange publizierte, bis er freigelassen wurde. Oder der Fall des Lehrers Blair Peach, der bei einer Auseinandersetzung mit der SPG (Special Patrol Group — paramilitärische Sondereinheit der britischen Polizei) ums Leben kam.

„.... *they kill Blair Peach the teacher*
they kill Blair Peach the dirty bleeders
Blair Peach was an ordinary man
Blair Peach took a simple stand
against the facists and their wicked plans
so they beat him til his life was gone ..."

Die Konsequenzen seiner Arbeit hat Linton oft genug gespürt. Eine von Franco Rosse (Regisseur des Reggae-Spielfilms „Babylon") gedrehte TV-Dokumentation über Darcus Howe und *Race Today* warf die BBC auf Anweisung mehrerer paranoider und paternalistischer Politiker aus dem Programm. „Dread Inna Inglan" (,.... *Maggie Thatcher on the go with her racist show ...")* hieß einer von Lintons Beiträgen — es war Anfang April '79, England stand mitten im Wahlkampf.

Geboren wurde Linton Kwesi Johnson 1952 in Clarendon County, Jamaica. Als er 11 war, nahm in seine Mutter nach England mit, im Süd-Londoner Stadtteil Brixton wuchs er auf. Später studiert er Soziologie auf der „University of London", anschließend nimmt er Jobs bei einer Schneiderei und im öffentlichen Dienst an. Noch als Student zieht es ihn zu den nächtlichen Meetings der *Black Panthers* und seine frühen Poems — zusammengefaßt in dem Gedichtband *Voice Of The Living And The Dead* — sind spürbar gefärbt von den Schriften schwarz-amerikanischer Aktivisten wie Eldridge Cleaver, Malcolm X und Stokley Carmichael. Ein Jahr später — 1975 — erschien das vorliegende Buch *Dread Beat and Blood*, eine Sammlung von Gedichten, auf die er bei seinen bis 1980 veröffentlichten Langspielplatten *Dread Beat and Blood, Forces Of Victory* und *Bass Culture* immer wieder zurückgegriffen hat. Die meisten Poems sind hier in *Patois* niedergeschrieben, dem jamaikanischen Dialekt, einer Mischform von Englisch, Spanisch und afrikanischen Sprachen (vor allem dem in Ghana weitverbreiteten *Twi*).

Die mittlerweile 65jährige Louise Bennet — Miss Lou — ist die Mutter des Dialekt-Poems; sie war die erste, die Patois als eigene Sprache behandelte und ihr Einfluß wirkt bis heute auf die Arbeit von jamaikanischen Dub-Poeten wie Mutabaruka, Breeze, Oku Onuora und dem 1983 auf tragische Weise ums Leben gekommenen Michael Smith nach. Auch Linton Kwesi Johnson hat ihre Arbeit oft gewürdigt. Als Poet geht Linton viel verloren, wenn sein Patois zu gewöhnlichem Queens-Englisch begradigt wird. Etwas, das er heute entschiedener denn je zurückweist. Es sind orale Poems, die laut vorgelesen wachsen und Gestalt annehmen. Schon der singende Klang und die Melodik der Sprache sind in Buchstaben nur unzureichend wiederzugeben. Hier zählt die Macht des gesprochenen

8

Wortes, der Rhythmus der Sprache, das Metrum, die Betonung, die Pausen.

„... *I hurt de pain*
again an again
hole de sting
an mek it sing
an mek it pain
an mek it ring ..."

Linton Kwesi Johnson hat nie mit platten linken Phrasen für ein besseres Britannien gelangweilt. Und ganz gleich wie weit er ausholt — es tut der Potenz und Präzision seiner Poems keinen Abbruch. Wichtig war mir an ihm immer, daß er reagiert, wo andere reflektieren, daß er versteht, einen Schwall kalter Fakten zu emotionalisieren und in Bewegung zu bringen. Schließlich leitet er die zentrale Dynamik seiner Worte aus der kollektiven Kraft des Widerstands. Und *Dread Beat and Blood* ist ein Memorandum des sich zur Wehr setzens.

„... *choose yu weapon dem,*
quick!
all wi need is bakkles an bricks an sticks;
wi have fist
wi have feet
we carry dandamite in wi teeth ..."

Information, Organisation, Aktion — ich glaube, daß die Bitterkeit und Brisanz dieser mit viel Weitblick geschriebenen Gedichte unverändert Bestand hat.

Ulli Güldner
Juli 1984

Zu Sprache und Übersetzung

Die vorliegende Übersetzung ist nicht zuletzt deshalb entstanden, weil sich Linton Kwesi Johnsons Texte — gesprochen oder gedruckt — mit unseren Kenntnissen des ‚Standard English' nicht restlos erschließen lassen. Bewußt weist Linton im Großteil seiner Gedichte eine Sprache zurück, welche in seiner Heimat Jamaica wie in seinem britischen Lebensraum nach wie vor als Vehikel sozialer und rassischer Wertungen eingesetzt wird; die Probleme und Anliegen der Farbigen in England werden direkt in der Sprache der Betroffenen, im jamaicanischen ‚patois', formuliert.

Häufig greifen deutsche Übersetzungen auf Slangformen zurück, um diese besondere Variante des Englischen wiederzugeben. Dieser Weg wurde hier absichtlich vermieden — außer dort, wo Linton Kwesi Johnson wirklich den knappen, lässigen Gesprächsstil der Brixtoner Jugendlichen wiedergeben will. Denn der jamaicanische Dialekt an sich wird in der Sprachwissenschaft als Kreolsprache — eine Mischsprache, die sich in Kontakt zweier Sprachgruppen bildet — bezeichnet. Solche Sprachformen entstanden in den meisten Kolonialstaaten: gewöhnlich wurde dabei das Vokabular der europäischen Sprachkomponente fast vollständig übernommen, in Aussprache und Syntax aber der einheimischen Sprache angepaßt. Das jamaicanische ‚patois' ist eine der zugänglichsten Kreolsprachen: nur wenige Elemente der afrikanischen Basissprache Twi sind noch direkt nachweisbar, und sein voller, musikalischer Klang beruht vor allem auf einer systematischen Wandlung der Vokale im englischen Wort — diese Gesetzmäßigkeit stellt wohl den wichtigsten Schlüssel zum Verständnis dar.

Die Kreolsprachen entstehen also innerhalb von ganzen *ethnischen* Gruppen und können sich zu einer, wenn auch meist inoffiziellen, Nationalsprache entwickeln. Slangformen dagegen gibt es in jeder Sprache; sie werden meist innerhalb bestimmter *sozialer Gruppen* gebraucht. Ursprung, Ausbreitung und letztlich auch die Aussage der beiden Sprachtypen sind also sehr verschieden — diesem

Umstand versucht die Übersetzung gerecht zu werden. Die vorliegenden Texte könnten ihrerseits in einem Spannungsfeld zwischen ‚sozialen‘ und ‚ethnischen‘ Themen gesehen werden — auch wenn das Grundproblem der materiellen und geistigen Unterdrückung auf beiden Seiten dasselbe ist. Interessant ist es, daß Linton Kwesi Johnson in beiden Kategorien deutlich verschiedene sprachliche Mittel einsetzt.

Als soziales Anliegen erscheint die unmittelbare Auseinandersetzung mit der Umwelt: die zynischen oder militanten Angriffe auf das britische Regime, die Aufdeckung und Darstellung der destruktiven Mechanismen innerhalb der schwarzen Gemeinschaft — Kriminalisierung und Aggression als Reaktion auf ein Leben in gesellschaftlichem Abseits; und schließlich der Aufruf zum gemeinsamen, gezielten Einsatz gegen Rassismus und Ausbeutung. Diese Texte wirken durch ihre direkte Formulierung — sie verdichten die Sprache und das Geschehen auf den Straßen von Brixton, formen daraus das Lebensgefühl des ‚dread‘ — diese eigentlich nicht zu übersetzende Formel für alle Energien, positiv und negativ, die das Selbstbewußtsein der schwarzen Jamaicaner dem Druck der weißen ‚Zivilisation‘ entgegenzusetzen hat.

Weniger bekannt sind die Gedichte und Prosastücke, welche die Visionen und Ängste einer ‚hurting black story‘, der jahrhundertealten Qual einer ganzen Rasse, in beklemmende, explosive Bilder umsetzen: die schreiend künstliche Villa der Weißen in ‚John de Crow‘, welche Ausbeutung und Unrecht wie Dürre um sich verbreitet — und am Ende im selbstentfachten Steppenbrand vernichtet wird; die Masken der Trostlosigkeit, welche jede Zeile von ‚Time to Explode‘ neu heraufbeschwört: selten einmal ein flüchtiger Gedanke an Stille und Harmonie zwischen den ‚zahllosen heulenden Schreien des Elends‘.

In solchen Texten löst sich Linton Kwesi Johnson von seinem unmittelbaren sozialen und geschichtlichen Kontext: dieser Gestus spiegelt sich auf allen Ebenen der Sprache. Statt konzisen Aufzeichnungen, refrainartigen

Wiederholungen, entstehen nun aus Kernmotiven ‚Gewalt‘, ‚Unterdrückung‘, ‚Schmerz‘ Katarakte von immer neuen Bildern. Linton gibt sein persönliches Idiom, das ‚patois‘, auf, um alle Möglichkeiten der englischen Dichtungssprache einsetzen zu können — aber diese Loslösung bedeutet hier nicht einen Rückzug in bekannte und gesicherte Formen, die Aufgabe der eigenen kulturellen Identität. Gerade in diesen Texten wird formuliert, was wir nur nachempfinden, aber nicht fühlen können: das Bewußtsein der Entwurzelung, Entrechtung und Demütigung einer ganzen Rasse, für die es allenfalls Rache, aber kein Vergessen gibt.

Angela Schader
April 1985

Vorwort der englischen Ausgabe

Linton Kwesi Johnson ist so kompromißlos und eigenständig, so schlagfertig und ehrlich, seine Dichtungssprache ist so gültig und direkt, daß er, meiner Ansicht nach, Abstraktion und verbales Schattenboxen (den betäubenden Trost einiger unserer früheren Dichter) so mühelos durchschneidet wie ein heißes Messer, das durch Butter fährt.

Linton setzt die Anweisung, die uns der Rastadichter Bongo Jerry in „Mabrak" gibt, in Realität um:

„Endet alle Doppeldeutigkeiten
und das Versteckspiel hinter Sprachgittern . . ."

Man könnte sich vorstellen, daß die Bilder und Aussagen der folgenden Zeilen aus „Street 66" in den Händen anderer Dichter aus Lintons Generation (sogar wenn sie sein soziales Anliegen teilen und sich gleichermaßen einer realitätsnahen Sprache verpflichtet haben (überinstrumentiert und vielleicht sogar unwillentlich vage und abstrakt wirken würden:

„im zimmerdunkel die dämmerung halblaut jaulend
sechs uhr
Kohlenglut, ein licht ohne sicht
erlischt
der klang von musik in weichem stetem fluß
und menschensohnseele in mystischem rot
grün, rot, grün . . . die szene."

Sprache zum Skelett reduziert, ja, aber ohne Verlust des dichterischen Gefühls oder Schwunges. Und wesentlich klarer.

Nicht allen von Lintons Zeitgenossen wird das lebendige soziale Bewußtsein zur zentralen Triebfeder der Dichtung: für Linton selbst ist es eine tägliche Realität, eine motorische Kraft. Gedichte wie „Junge Szene", „Fünf Nächte

13

Blutvergießen", „Die Straße hinunter", „Die Zeit kommt", „Gewaltackt und Blut" machen betroffen durch dies Bewußtsein des Mitfühlens: Linton formt seine Aussage mit eindrücklichem und bedrohlichem Rhythmus. Lintons Mitfühlen wie auch sein moralischer Anspruch vibrieren mit einer Dringlichkeit, die sich mit der Spannung vergleichen läßt, welche er in diesem Band und im vorausgegangenen „Voices of the Living and the Dead" beschreibt.

In manchen Gedichten dieser Sammlung zeigt er die scharf beobachtete Farce von Verschwendung und Desorientiertheit, wahllosen Straßenbeziehungen und Frustration in Brixton; ein vollständiges Bild davon ist in „Double Skank" entworfen — einem der aussagekräftigsten Gedichte, die aus den Zuständen in unserer Gemeinschaft erwachsen sind.

Und seine Sprache: der lockere, explosive Slang von ‚I‘, ‚I-ry‘, ‚dread‘, ‚suss‘, ‚kally‘, ‚scank‘; eine Sprache, die Linton erkannt und anerkannt, regularisiert und gültig gemacht hat, all dies mit der Sicherheit eines Reporters, der sich in völliger Unbefangenheit in seinem kulturellen Umfeld bewegt.

Unnötig zu sagen, daß viele, wenn nicht alle dieser Qualitäten aus Kampf und Auseinandersetzung, aus einer permanenten Konfrontation mit Umwelt und Sprache entstanden sind. Ich erinnere mich an Lintons Worte: „Was ich schreibe, und die Art, wie ich es schreibe, ist das Resultat der Spannung zwischen jamaikanischem Kreolisch und jamaikanischem Englisch, und zwischen diesen Varianten und Standard-Englisch. Und diese wiederum ist die Konsequenz meines Aufwachsens in einer kolonialen Gesellschaft und meines späteren Lebens in England. Die Spannung steigt an. Das schlägt sich im Schreiben nieder. Das hört man. Und noch etwas: meine Gedichte sehen vielleicht flach aus, wenn sie gedruckt sind; aber das kommt daher, daß sie eigentlich als orale Literatur gedacht sind. Sie sind geschrieben, um laut, innerhalb der Gruppe, rezitiert zu werden."

Lintons Gedichte sind eins mit seiner Erfahrung als

Mensch und als Dichter im Kampf. Keine Geste des Herausgebers braucht hier Grenzen zu ziehen. Linton machte keine Konzessionen. Seine Welt ist eine Einheit, wo ein Standpunkt im Brennpunkt der quälenden Slumexistenz und eine Aussage wie die folgenden Zeilen aus „Es so zu zeigen" zur direkten Ansprache an diejenigen werden, welche die Erfahrung der Unterdrückung teilen und die gleiche Sprache des Schmerzes sprechen. Der Dichter weiß, daß jeder, der all dies in sich fühlt, ihn hören und ohne weitere Erklärung verstehen wird:

„dieses brennen in unserem fleisch
und das wirbeln und schwindligsein im kopf
wenn der grelle knall kracht wie brechende knochen
nach dem flug der peitsche, wenn fleisch zerreißt. . ."

Das gleiche gilt für „Straße 66", ein Gedicht, aufs äußerste gespannt zwischen den Extremen von Ekstase und gewalttätiger Verzweiflung, welches mit
Verzweiflung herunterpolterndem sound
in wut und bewegung"
beginnt, und durch immer detailliertere Analysen von dramatischer Stimmung und Sprechmusik sich unerbittlich steigert:

„mit der vibration der gewalt
bewegen wir uns
treiben mit grünem rhythmus
dürre
und tote wurzeln aus

der gewaltige poet I-Roy am mikrofon
Western tanzt, und alle lachen. . .

stunden schlagen über der kochenden szene
und plötzlich
bam bam bam schläge an die tür. . ."

Wenn der Dichter so direkt, so aufrichtig zu sich und seiner direkten Umgebung spricht, dann erreicht er alle von uns; oder doch diejenigen, welche zuhören, reagieren, handeln wollen. Darin liegt der unschätzbare Wert von Linton Kwesi Johnsons Gedichten.

Andrew Salkey

DOUN DE ROAD

YOUT SCENE

last satdey
I neva dey pan no faam,
so I decide fe tek a walk
doun a BRIXTON,
an see wha gwane.

de bredrin dem stan-up
outside a HIP CITY,
as usual, a look pretty;
dem a laaf big laaf
dem a talk dread talk
dem a shuv an shuffle dem feet,
soakin in de sweet MUSICAL BEAT.

but when nite come
policeman run dem dung;
beat dem dung a grung,
kick dem ass,
sen dem pass justice
to prison walls of gloom.

but de bredda dem a scank;
dem naw rab bank;
is packit dem a pick
an is woman dem a lick
an is run dem a run when de WICKED come.

AUF DER SZENE

am samstag
hatte ich frei
und ich hatte lust
nach BRIXTON zu gehn
mal sehen was läuft.

die andern hingen rum
vorm HIP CITY
wie immer, gestylt.
haben gelacht
und sprüche geklopft
sind ein bißchen herumgegroovt,
ganz versunken in den süßen BEAT DER MUSIK.

aber wenn die nacht kommt
ist die polizei hinter ihnen her
knüppelt einige runter
tritt sie in den arsch
jagt sie durch die justizmühle
hinter triste gefängnismauern

doch die andern tanzen weiter
sie sind keine safeknacker
räumen bloß mal eine tasche aus
schlagen eine frau zusammen
und verschwinden schleunigst
              wenn die UNTERDRÜCKER kommen.

DOUBLE SCANK

I woz jus about fe move forwud,
tek a walk thru de markit,
an suss de satdey scene —
yu know whey a mean —
when I site bredda Buzza
bappin in style
comin doun FRONT LINE.

him site a likkle sista
him move fe pull a scank
but she soon suss him out
sae him dont in her rank;

soh when shame reach him,
him pap a smile,
scratch him chin,
but de sista couldda si thru him grin:
bredda Buzza couldn do a single ting.

"Hail, Buzza!" I greet him.
"Love!" him greet I bak.
"I a look a money, Buzza;
come forwud wid some dunny."

de bredda sae him bruk
him sae him naw wuk
him sae him woman a breed
him sae him dont even hav a stick a weed.

but I site diffrant:
de bookie man jus done tek him fe a ride!

DOPPELFASSADE

ich war grad auf dem weg
zum markt runter
wollte die samstagsszene checken —
du weißt ja —
da sah ich brother Buzza
voll gestylt
durch die FRONT LINE kommen.

er sichtet eine frau
baut sich vor ihr auf
aber sie kennt die pose
und läßt ihn abfahren

scham kriecht in ihm hoch
er zieht sein lächeln breit
kratzt sich das kinn
aber das mädchen sieht hinter sein grinsen
Buzza hat schlicht keine chance

ich grüß ihn „Hail, Buzza"
er grüßt zurück: „Love"
„ich brauch' kohlen, Buzza;
mach' ein paar scheine raus."

der typ sagt, er sei pleite
sagt, er habe keinen job
sagt, seine frau sei schwanger
er habe nichtmal gras für einen joint.

aber ich seh' das anders:
er hat seine kohlen aufs falsche pferd gesetzt!

FIVE NIGHTS OF BLEEDING

(For Leroy Harris)

1
madness . . . madness . . .
madness tight on the heads of the rebels;
the bitterness erupts like a hot-blast.
                       broke glass;
rituals of blood on the burning,
served by a cruel in-fighting;
five nights of horror and of bleeding.
                       broke glass;
cold blades as sharp as the eyes of hate
and the stabbings.
it's war amongst the rebels: ·
madness . . . madness . . . war.

2
night number one was in BRIXTON:
SOFRANO B sound system
was a beating out a rhythm with a fire,
coming doun his reggae-reggae wire;
it was a sound shaking doun your spinal column,
a bad music tearing up your flesh;
and the rebels them start a fighting,
the yout them jus turn wild.
it's war amongst the rebels:
madness . . . madness . . . war.

FÜNF NÄCHTE BLUTVERGIESSEN

1
wahnsinn . . . wahnsinn . . .
wahnsinn verkrallt in die köpfe der rebellen
bitterkeit bricht los wie ein glutsturm
        scherben

rituale des blutes im feuer
gefeiert im grausamen kleinkrieg
fünf nächte voll grauen und blut
        scherben
messerklingen kalt und scharf wie die augen des hasses
stechen zu
krieg unter den rebellen
wahnsinn . . . wahnsinn . . . krieg.

2
in der ersten nacht trifft es BRIXTON:
SOFRANO B sound system
hämmert einen rhythmus aus feuer
reggae, der wie starkstrom zuckt;
ein sound der durchs rückgrat fährt
harte musik, die ins fleisch fetzt
und die rebellen schlagen plötzlich los
drehen auf einmal durch.
krieg unter den rebellen
wahnsinn . . . wahnsinn . . . krieg.

3

night number two doun at SHEPHERD'S
right up RAILTON ROAD;
it was a night named Friday
when everyone was high on brew
or drew a pound or two worth a kally.
sound coming doun NEVILLE KING'S music iron;
the rhythm jus bubbling an back-firing,
raging an rising, then suddenly the music cut:
steel blade drinking blood in darkness.
it's war amongst the rebels:
madness . . . madness . . . war.

4

night number three,
over the river,
right outside the RAINBOW:
inside JAMES BROWN was screaming soul,
outside the rebels were freezing cold;
babylonian tyrants descended,
pounced on the brothers who were bold;
so with a flick
of the wrist,
a jab and a stab,
the song of blades was sounded,
the bile of oppression was vomited,
and two policemen wounded.
righteous righteous war.

3
die zweite nacht war in SHEPERDS
gleich oberhalb RAILTON ROAD
die nacht namens freitag
und die meisten waren high
vom bier oder ein paar joints
sound aus NEVILLE KINGS musikkanone
kochender rhythmus wie schüsse
tobte und hob sich, dann plötzlich setzt die musik aus
stahlklingen trinken blut im dunkeln
krieg unter den rebellen:
wahnsinn . . . wahnsinn . . . krieg.

4
nacht nummer drei
jenseits des flusses
grade vor dem RAINBOW
drinnen schreit James Brown soul aus sich raus
draußen die rebellen, vor kälte starr
babylons tyrannen tauchen auf
gewalt stößt auf gegengewalt
ein blitz
aus dem handgelenk
ein stoß und ein stich
und das lied des messers klingt auf
galle der unterdrückung wird gekotzt
und zwei polizisten sind verwundet
gerechter, gerechter krieg.

5

night number four at a blues dance
                    a blues dance:
two rooms packed an the pressure pushing up;
hot. hot heads. ritual of blood in a blues dance.
                              broke glass:
splintering fire, axes, blades, brain — blast;
rebellion rushing doun the wrong road,
storm blowing doun the wrong tree.
and LEROY bleeds near death on the forth night,
                              in a blues dance,
on a black rebellious night.
it's war amongst the rebels:
madness . . . madness . . . war.

6

night number five at the TELEGRAPH:
vengeance walked through the doors
so slow
so smooth
so tight an ripe an smash!
                    broke glass;
a bottle finds a head
an the shell of the fire-hurt cracks;
the victim feels fear
            finds hands
            holds knife
            finds throat;
o the stabbings an the bleeding an the blood.
it's war amongst the rebels:
madness . . . madness . . . war.

5
nacht nummer vier in einem blues-club
                    ein blues-club
zwei räume vollgepackt, der druck steigt
glut. glut im kopf. blutritual in einem blues-club
                              scherben
splitterndes feuer. äxte, messer, hirn platzt.
rebellion nimmt den falschen kurs
sturm stürzt den falschen baum
LEROY verblutet fast in der vierten nacht
                    in einem blues-club
ein einer schwarzen, rebellischen nacht.
krieg unter den rebellen:
wahnsinn . . . wahnsinn . . . krieg.

6
nacht nummer fünf im TELEGRAPH
rache tritt ein durch die tür
so ruhig
so glatt
so reif und gespannt und schlägt zu!
                              scherben
flasche findet kopf
und die patrone der feuerwunden kracht
das opfer fühlt furcht
          findet hände
          hält klinge
          findet kehle
o der stich und das bluten und das blut
krieg unter den rebellen
wahnsinn . . . wahnsinn . . . krieg.

RAGE

Imprisoned in memory
of the whip's sting,
tear in the flesh

and the fire burning within,
his eyes sing pain silently:
twin daggers piercing flesh.

His hatred created swift and sweetly,
he waits with rage
clenched tightly in a fist.

Soon some white one will stroll by,
and strike he will to smash
the prison wall of his passion
and let his stifled rage run free.

WUT

eingekerkert in der erinnerung
des peitschenstachels
riss im fleisch

und das feuer das drinnen brennt —
schmerz, singen seine augen lautlos:
doppelter dolch, der durchs fleisch dringt.

sein hass erhebt sich rasch und süß
er wartet, seine wut
in eine faust geballt.

bald wird irgendein weißer vorbeigehn
und er schlägt zu, zerstört
die kerkermauern seiner leiden/schaft
und die erstickte wut bricht hervor.

STREET 66

de room woz dark-dusk howlin softly
six-a-clack,
charcoal lite defyin site woz
movin black;
de soun woz muzik mellow steady flow,
an man-son mind jus mystic red,
green, red, green . . . pure scene.

no man would dance but leap an shake
dat shock thru feelin ripe;
shape dat soun tumblin doun
makin movement ruff enough;
cause when de muzik met I taps,
I felt de sting, knew de shock,
yea had to do an ride de rock.

outta dis rock
shall come
a greenna riddim
even more dread
dan what
de breeze of glory bread.
vibratin violence
is how wi move
rockin wid green riddim
de drout
an dry root out.

de mitey poet I-Roy woz on de wire,
Western did a scank an each one laaf:
him feelin I-ry, dread I.
"Street 66" de said man said,
"any policeman come yah
will get some righteous raas klaat licks,
yea man, whole heap a kicks."

STRASSE 66

im zimmerdunkel die dämmerung halblaut jaulend
sechs uhr
kohlenglut, ein licht ohne sicht
erlischt
der klang von musik in weichem stetem fluß
und menschensohnseele in mystischem rot
grün, rot, grün . . . die szene.

keiner tanzt, man schnellt hoch und schüttelt
diesen schock, denn es ist soweit;
formt den herunterpolternden sound
in wut & bewegung
denn wenn die musik mich trifft
fühl' ich den stachel, erfahre den schock
laß mich vom harten rhythmus treiben.

aus dieser härte
soll
ein grünerer rhythmus wachsen
noch gewaltiger
als was
der sturm des ruhmes schuf
mit der vibration der gewalt
bewegen wir uns
treiben mit grünem rhythmus
dürre
und tote wurzeln aus.

der gewaltige poet I-Roy am mikrofon;
Western tanzt, und alle lachen
,,street 66'', sagt Western
,,wenn hier ein bulle einfährt
kriegt er 'ne recht verfluchte abreibung,
yea man, ein paar ordentliche tritte.

hours beat de scene movin rite
when all of a sudden
bam bam bam a knockin pan de door.
"Who's dat?" asked Western feelin rite.
"Open up! It's the police! Open up!"
"What address do you want?"
"Number sixty-six! Come on, open up!"
Western feelin high reply:
"Yes, dis is Street 66;
step rite in an tek some licks."

stunden schlagen über der kochenden szene
und plötzlich
bam bam bam schläge an die tür
„wer da? ' fragt Western cool
„aufmachen! polizei! aufmachen!"
„wohin wollt ihr?"
„sechsundsechzig! los aufmachen!"
Western gibt voll zurück
„schön, das ist street 66;
kommt rein und holt euch eure prügel."

YOUT REBELS

a bran new breed of blacks
have now emerged,
leadin on the rough scene,
breakin away
takin the day,
sayin to capital neva
movin forwud hevva.

they can only be
new in age
but not in rage,
not needin
the soft and also
shallow councilin
of the soot-brained
sage in chain;
wreckin thin-shelled words
movin always forwud.

young blood
yout rebels:
new shapes
shapin
new patterns
creatin new links
linkin
blood risin surely
carvin a new path,
movin forwud to freedom.

JUNGE REBELLEN

eine ganz neue art schwarze
taucht auf
sie stehn vorn in der harten szene
brechen aus
leben im heute
sagen dem kapital ab
gehn immer nur vorwärts.

neu kann nur
ihr zeit-alter sein
doch nicht ihre wut
sie brauchen nicht
die sanften und
seichten ratschläge
des rußhirnigen
weisen in ketten;
sie zertrampeln dünnschalige worte
immer im vorwärtsgehn.

junges blut
junge rebellen
neue gestalten
gestalten
neue muster
erschaffen neue verbindungen
verbinden
blut das gewiß sich erhebt
bahnen einen neuen weg
vorwärts zur freiheit.

DOUN DE ROAD

> heavy heavy terror
> on the rampage . . .
> o dont you worry
> it is so near . . .
> fatricide is only
> the first phase . . .

yes, the violence of the oppressor runnin wild;
them pickin up the yout them fe suss;
powell prophesying a black, a black, a black conquest;
and the National Front is on the rampage
making fire bombs fe burn we.

terror fire terror fire reach we:
such a suffering we suffering
in this burning age of rage;
no place to run to get gun
and the violence damming up inside.

so in the heat
of the anguish
you jus turn:
turn on your brother
an yu lick him
an yu lash him
an stab him
an kill him

and the violence damming up inside.

O that history should take such a rough route,
causing us this bitterness and pain on the way,
is a room full of a fact you cant walk out;

fatricide is only the first phase,
with brother fighting brother stabbing brother:
them jus killing off them one another,

DIE STRASSE HINUNTER

der schwerste terror
bricht aus . . .
hab keine angst
es ist so nah . . .
brudermord ist nur
der anfang . . .

ja, die gewalt der unterdrückten bricht los
die jungen werden verhaftet
powell prophezeit eine schwarze, schwarze,
                  schwarze übermacht
und die National Front ist auf dem vormarsch
mit brandbomben, um uns auszurotten.

terrorfeuer, terrorfeuer um uns
all das leiden das wir leiden
in dieser brennenden zeit des zorns
nirgendwo gibt es schutz und waffen
und die gewalt staut sich hoch in uns.

und in der hitze
der qual
drehst du dich um
siehst deinen bruder
und du prügelst ihn
und schlägst ihn
stichst nach ihm
bringst ihn um

und die gewalt staut sich hoch in dir.

daß die geschichte diesen härtesten weg nehmen muß
den wir mit soviel bitterkeit und schmerzen gehn
aus diesem raum voll tatsachen entkommst du nicht

brudermord ist nur der anfang
bruder bekämpft bruder tötet bruder
einer schlachtet den andern ab.

but when you see your brother blood jus flow;
futile fighting; then you know
that the first phase must come to an end
and time for the second phase to show.

doch wenn du siehst wie das blut deines bruders fließt
wird der kampf sinnlos; dann weißt du
daß diese erste phase enden muß
es ist zeit, daß die zweite beginnt.

TIME COME

it soon come
it soon come
look out! look out! look out!

fruit soon ripe
fe tek wi bite,
strength soon come
fe wi fling wi mite.

it soon come
it soon come
look out! look out! look out!

wi feel bad
wi look sad
wi smoke weed
an if yu eye sharp,
read de vialence inna wi eye;
wi goin smash de sky wid wi bad bad blood
look out! look out! look out!

it soon come
it soon come:
is de shadow walkin behind yu
is I stannup rite before yu:
look out!

but it too late now:
I did warn yu.

when yu fling mi inna prison
I did warn yu
when you kill Oluwale
I did warn yu
when yu beat Joshua Francis
I did warn yu

DIE ZEIT KOMMT

es kommt schon
es kommt schon
gib acht! gib acht! gib acht!

die frucht fast reif
für unsern biß
die kraft fast voll
für den entscheidenden schlag.

es kommt schon
es kommt schon
gib acht! gib acht! gib acht!

es geht uns mies
wir schauen traurig
wir rauchen gras
und wenn dein auge scharf ist
lies die lauernde gewalt in unseren augen;
bald zerschmettern wir den himmel
                mit unserm bittern blut;
gib acht! gib acht! gib acht!

es kommt schon
es kommt schon:
es geht hinter dir als schatten
direkt vor dir schießt es hoch
    gibt acht!

aber nun ist es zu spät:
ich warnte dich.

du warfst mich ins gefängnis
    und ich warnte dich
du brachtest Oluwale um
    ich warnte dich
du schlugst Joshua Francis
    ich warnte dich

when yu pick pan de Panthers
    I did warn yu
when yu jack mi up gainst de wall
             ha didnt bawl,
    but I did warn yu.

now yu si fire burning in mi eye,
smell badness pan mi breat
feel vialence, vialence,
burstin outta mi;
     look out!

it too late now:
I did warn yu.

du hetztest die Panthers
    ich warnte dich
ich stand mit dem rücken an der wand
                und heulte nicht
   aber ich warnte dich.

jetzt siehst du feuerbrand in meinen augen
riechst bösartigkeit in meinem atem
fühlst gewalt, gewalt
aus mir schlagen;
    gibt acht

nun ist es zu spät
ich warnte dich.

ALL WI DOIN IS DEFENDIN

war . . . war . . .
mi sae, lissen
opressin man,
hear what I say if yu can;
wi have
a grevious blow fe blow.

wi will fite yu in de street wid wi han;
wi hav a plan;
soh lissen, man,
get ready fe tek some blows.

doze days
of de truncheon
an doze nites
of melancholy locked in a cell,
doze hours of torture touchin hell,
doze blows dat caused my heart to swell
were well
numbered
and are now
at an end.

all wi doin
is defendin;
so get yu ready
fe war . . . war . . .
freedom is a very firm thing;

all oppression
can do is bring
passion to de heights of eruption,
an songs of fire we will sing.

WIR WEHREN UNS NUR

krieg . . . krieg . . .
ich sag, hör zu,
unterdrücker,
hör mich an wenn du kannst;
wir holen aus
zu einem tödlichen schlag.

auf der straße schlagen wir mit bloßen fäusten zu
der plan ist da;
drum hör zu
und mach dich auf hiebe gefaßt.

jene tage
des knüppels
und jene nächte
voll schmerz in zellen gegittert
jene stunden der qual, die an hölle grenzt
jene schläge, unter denen mein herz aufschwoll
waren hoch
an der zahl
und sind nun
zu ende.

wir verteidigen
uns nur;
mach dich bereit
zum krieg . . . krieg . . .
freiheit kennt keinen kompromiß.

alles was der druck
erreicht hat ist
die leidenschaft zum ausbruch zu bringen
wir werden lieder aus feuer singen.

no . . . no . . .
noh run;
yu did soun yu siren
an is war now . . .
war . . . war . . . war . . .

de Special Patrol
will fall
like a wall force doun
or a toun turn to dus;
even dough dem think dem bold,
wi know dem cold like ice wid fear
an wi is fire!

choose yu weapon dem,
quick!
all wi need is bakkles an bricks an sticks;
wi haf fist
wi hav feet
wi carry dandamite in wi teeth.

sen fe de riot squad,
quick!
cause wi running wild
bitta like bile;
blood will guide
their way;
an I say,
all wi doin
is defendin;
soh set yu ready
fe war . . . war . . .
freedom is a very firm thing.

nein . . . nein . . .
lauf nicht weg;
deine sirene heult
und jetzt ist krieg . . .
krieg . . . krieg . . . krieg . . .

die Special Patrol
wird fallen
wie eine bezwungene mauer,
eine eingeäscherte stadt;
sie glauben sie sind stark
doch wir wissen, sie sind starr wie eis vor angst
und wir sind feuer!

wählt eure waffen,
rasch!
alles was wir brauchen sind flaschen und steine und stöcke;
wir haben fäuste
wir haben füße
wir tragen dynamit in den zähnen

holt die spezialtruppen
rasch!
wir schlagen los
bitter wie galle;
blut zeigt uns
den weg;
und ich sag
wir verteidigen
uns nur;
macht euch bereit
für krieg . . . krieg . . .
freiheit kennt keinen kompromiß.

TIME TO EXPLODE

SAME WAY

deep to the depth of anguish
is where
the search must dive, aflame.
right doun to where ....
the sounds is like the echo of the belly of the ground;
deep doun low where the anger grows, harshly.

blazin the voice has to be,
like lightning,
lighting up the sky so moon,
rakin up the dark place,
showing up the foe an the way he makes his moves low,
loud in its tone of thundah, hot.

the way cannot be but blood.
the song
of mud caught up in the blood, dying,
holdin on to life
but dying all the same, yet livin out the pain.
the end cannot be but sweet, final.

AUF DIESEM WEG

tief in die tiefe der qual
dorthin
muß die suche tauchen, brennend.
bis hinunter wo . . .
der klang dem echo vom bauch des grundes gleicht
tief unten wo der zorn wächst, schneidend.

flammend muß die stimme sein
wie blitze
die den himmel voll mond ausleuchten
den ort des dunkels aufpflügen
den feind und seine kriechspur aufzeigen
laut im ton des donners, heiß.

der weg kann nur der des blutes sein.
das lied
des schlammes, vom blut erfaßt, sterbend,
ins leben verkrallt,
doch sterbend, und dennoch den schmerz durchlebend.
das ende kann nur süß sein, endgültig.

FOR THOSE WHO GO DOUN ALWAYS
AN UNDER

1

always capsizing
within the shattered dark
where the howling and the chant
all bitter swell
where stones ride . . . ride the cry
such is the shape of the dark pain there

2

images of cold
and icy eyes on a fall
sights that sing fire

leaping sights that crash thunder
visions of blood seated on the sky's corner
at the setting of a worthy sun

and smooth sweet scents
at a warm green place
where more than flowers grow

3

naked trees howling in the wind
as breeze of terror bends and bounds around you
dreaming dreams of an old dream of buds upon branches
dancing to a new rhythm of sunlight

and this was the image of self you sought and found
made the move and went for the dig
unchaining blood fashioning future as doun you went

FÜR DIE,
WELCHE IMMER ABWÄRTS INS NICHTS GEHN

1
immer kentern
in der zerschmetterten dunkelheit
wo geheul und chorale
nur bitter hochschwellen
wo steine rollen . . . auf dem schrei rollen
das ist die gestalt des dunklen leides dort

2
abbild der kälte
und eisige augen über dem fall
an-blicke, die feuer singen

an-blicke, die anspringen mit donnerkrachen
visionen von blut, die am himmelsrand thronen
wenn eine erhabene sonne versinkt

und glatte süße düfte
einer warmen grünen gegend
die mehr als blumen trägt

3
nackte bäume heulen im wind
wenn der sturm des schreckens um dich sich krümmt
                                              und tollt
sie träumen träume des alten traums von
                              knospenden zweigen
die nach neuen takten des sonnenlichts tanzen

und dies ist das selbstbild, welches ihr suchtet und fandet
ihr wagtet den schritt, die mühe des grabens,
habt blut entfesselt, das die zukunft im untergehn formte

and wou were there
at the sudden planting of flesh
from which the green fire now takes its growth
and you were there
when the sudden rising of blood
as you capsize in bitterness babylon hell

4

und ihr wart dort
bei der plötzlichen aussaat des fleisches
aus welchem nun das grüne feuer erwächst
und ihr wart dort
in der jähen flut des blutes
kenternd in bitterkeit babylonischer hölle

NIGHT OF THE HEAD

(For David Oluwale)

1

Solitude was heavy on his soul
that night of cast-iron and concrete
when news reached him of a black tramp's death.

That night his feet made way for him
along grey sneering streets with eyes
lifting him high for a move.

A green mist descended on him
on his way
and he drank of it like a leaf.

That night was the night of the head
and the red and the green mist rising
when bricks sang love songs to the sand.

2

Something had laid wait for him
and it greeted his feet for a fall.
It was a dead man's head,
the black tramp's head. dead.

He stretched his solitude elastic-wise
and drank greenly of the rising mist.
Then the dead head's eyes
on twin springs sprang open
so a wondering fly pissed in the eyes.

The head of the dead curved a smile
and the man of solitude, he cried:
a bee bathed green had died
on his tongue lined with sand.

NACHT DES KOPFES

(für David Oluwale)

1

verlassenheit lastet auf seiner seele
in jener nacht aus gußeisen und beton
als er vom tod eines schwarzen tramps hörte.

in dieser nacht bahnten seine füße den weg
durch graue höhnische straßen mit augen
und hoben ihn hoch zum handeln.

ein grüner nebel sank über ihn
auf seinem weg
und er trank davon wie ein blatt.

dies war die nacht des kopfes
rot und grün stieg der nebel
und backsteine sangen liebeslieder an den sand.

2

etwas hatte auf ihn gelauert
es grüßte den tritt seiner füße.
es war der kopf eines toten,
kopf des schwarzen tramps. tot.

er dehnte seine einsamkeit wie elastik
trank in grün vom steigenden dunst.
und die totenkopfaugen
schnellten auf auf zwillingsfedern
und eine staunende fliege pißte hinein.

Auf dem kopf des toten krümmte sich ein lächeln
und der mann der einsamkeit schrie auf
eine grüngebadete biene verendete
auf der sandgesäumten zunge.

3

The mouth of the head was agape.
His fingers now numb like a lie
secreted red sweat from the palm of his hands.
This was salt from his blood like brine.
And touching the teeth of the head
they dissolved like ashes at his touch.
Dust to dust, moved the dead head's tongue.
He started to laugh and the mist screamed red.

4

Such a victim of terror as he was,
Oluwale on the last onslaught,
just broke into pieces and died.

So man of elastic solitude
picked up the dead man's prick,
held it like machine-gun with sperm bullets,
and made for the nearest police station.

With his machine-gun blast
he shattered that station with black sperm.

Not a soul survived,
so he cried,
as the mist screamed red
and he drank of it.

3

das maul des toten stand offen.
aus seinen fingern, jetzt taub wie lügen,
trat roter schweiß von der handfläche her.
es war salz aus seinem blut, wie lauge.
er berührte die zähne im kopf
und sie lösten sich in asche auf.
staub zu staub, wälzte die totenkopfzunge.
er fing an zu lachen und der nebel kreischte rot.

4

opfer des grauens das er war,
Oluwale im letzten kampf
zerbrach in stücke und starb

und der mann aus elastik-einsamkeit
nahm den schwanz des toten auf
hielt ihn wie ein spermageladenes maschinengewehr
und nahm die nächste polizeistation aufs korn.

eine salve aus diesem gewehr:
schwarzes sperma zertrümmert die station.

nicht einer überlebt
so schrie er
als der nebel rot kreischte
und er davon trank.

TWO SIDES OF SILENCE

SIDE 1

To us,
who were of necessary birth
for the earth's hard and thankless toil,
silence has no meaning.

There is never a feeling of tranquility
or mere quietness,
never a moment of soundless calm
from within or without our troubled selves.

How can the clamour of sounds be stilled?
There is no void where noises can collect
and be made mute
before the ring escapes.

How indeed can there be a silence
when our hearts beat out a sonorous beat
meeting the beating drums of an African past;
when our eyes shed solid tears of iron blood
that falls on CONCRETE GROUND?

Inside our ears are the many wailing cries
of misery.
Inside our bodies, the internal bleeding
of stifled volcanoes.
Inside our heads, erupting thoughts of rebellion.

How can there be calm when the storm ist yet to come?

ZWEI SEITEN DER STILLE

SEITE 1

für uns,
deren geburt notwendig war
für die harte und undankbare arbeit der erde,
hat stille keine bedeutung.

nie ein gefühl der ruhe
oder nur ein schweigen
nie einen moment frei sein von geräuschen
innerhalb und außerhalb der eignen verstörung.

wie stellt man das toben der geräusche ein?
es gibt keinen raum, wo der lärm sich sammelt
und verstummt
bevor er schrill hervordringt.

ja, wie kann stille sein
solang unsere herzen den tönenden takt pochen
der auf pochende trommeln der afrikanischen
vergangenheit trifft;
wenn aus unseren augen harte tränen aus eisernem blut
niederfallen auf boden von stein?

in unsern ohren die zahllosen heulenden schreie
des elends.
in unsern körpern das innere verbluten
erstickter vulkane.
in unsern köpfen explodiert der gedanke der rebellion.

wie kann dort ruhe sein, wo der sturm losbricht?

SIDE 2

This unending silence,
taut, impervious,
       unbending,
not lending an ear
to the most delicate of sounds,
awaits the blast of bombs
which man will explode
to break this silent bound
to determine their fate
to be used to create
hills of soft obedience
where sweet clothed sounds
can rebound round
and their echoes glide
like a carefree bird
in rhythmic calm
through a mellow,
purer, silent space.

diese nie endende stille
gespannt, undurchdringlich,
        unbeugsam,
die den zerbrechlichsten ton
nicht erhört
wartet auf krachende bomben,
gezündet von menschen
um die schweigende fessel zu sprengen
um das schicksal zu formen
benötigt
um sanft gehorchende hügel zu schaffen
wo süß verhüllter klang
fällt und hallt
und echos gleiten
wie sorglose vögel
in rhythmischer ruhe
durch einen weichen
reineren, stillen raum.

TIME TO EXPLODE

harsh years of acid tears
knowing darkness measured in pain
as black anguish swells effervescent blood
and eyes near ash hold fast to amber sight:

like fire-claws at my people's peace
like stones upon a black child's growth
like knives about my people's hope
like death above my right to life.

and it is thus the pledge of blood ist made;
it is thus I hurt and rise and shout:

my people! it is time to explode;
get rid of your load, your decaying flesh,
your twisted smile, your look of flame,
your acid tears, your years of servile planting,
whilst reaping stone and drought and sting and storm.

it is time to explode, my people! get rid of your foe!

ZEIT ZU EXPLODIEREN

schneidende jahre voll tränen aus säure
die dunkelheit kennen, die mit schmerz ausgemessen wird
während die schwarze qual das brodelnde blut steigen macht
und der asche nahe augen sich an bersteinanblick klammern:

wie feuerkrallen im frieden meines volkes
wie steinhagel auf das heranwachsen eines schwarzen kindes
wie messer an der hoffnung meines volkes
wie tod über meinem recht auf leben.

und so entsteht der eid des blutes,
so mein schmerz, der aufstand, der schrei:

mein volk! es ist zeit zu explodieren;
werft eure last hin, euer faulendes fleisch,
euer verzerrtes lächeln, den brennenden blick,
die tränen aus säure, die jahre, wo ihr als sklaven gesät habt,
für eine ernte aus stein und dürre und stacheln und sturm.

zeit zu explodieren, mein volk! vernichtet den feind!

SONG OF BLOOD

from out of the mouth of Europe came plunder, ploughing rich soils of hope of flesh for harvest, carrying suffering south — the greed of men and the need for capital's growth — both. from the root of decidious tree of evil curse and leaves of avarice came destruction death dread despair, sailing anxious south, extricating real roots of firm future, making of them the vegetative pain of whithering buds of black growth. sun which once shone for peoples of the soil now shines on them violence, stabbing hearts with sharp rays of wrath (roots reaching over rocks seeking the juice truth, the water of life). rocking placid, lacking shade, green stems, red flowers, golden fallen leaves, await the hurricane, await the bus fire, await the night and the day of the wheat and the tears. so many years of sleep passing the caterpillar form . . . how long the chrysalis form? calm is not the ripe state when thunder breaks your peace. time rides at a constant pace. ride the storm, spur the wind, gallop the gallop. gallop! desert the dream, smash the cloud, rape the dark, kiss the sun, swim the flood; never you try to calm the storm. the voice form the void cries out so right to be filled. fill the void! let your passion rise to the tide of your hurt, but do not desert the flesh.

2

the word was spread that John was dead. that led that band of black men who acted not like she-goats but like a rank of renk cock-chickens when dealing with white wealth (the blacks had non: will recapture soon). this was the slack black man who with just bare hands made earth of dirt, cultivated his plot of land, leaning over gully, drifting cool by banana grove, rising the dipping down, surrounded by bamboo trees where the gully made an S right next to the white man's spacious land. SHAPE CAN BE OFFENSIVE . . . THE SHADOW IS LARGER THAN THE TREE . . . SOON MAN SHALL BE . . . MUST FREE! this was the man who would not sell his land even when the white man seeking to fulfil his plan of no mercy made offer to him the price of pennies and if not death. resistance was John's metallic strength holding. John the man who knew the value of his land would not yield. although without a shield to shine back, John flashed his sharp machete of steel slicing a stone in two: his answer been the spark sparking no harder than the stone in two. he knew the value of his land and did not plant to part with it.

3

voices like angry rain, falling on the calm surface of a lake, shatter the hard silence of a lemon-scented night, ripple into sounds that call the flow of blood to halt with insects, mud, reptiles, stones, and diamond-drops of dew, seeking a safer refuge   from fear. fear of parched voices ringing drought, doubt, rebellion. the night is moist and fire. the dark is aflame, and anger: anger is the tone of these voices turning even the sleep of leaves longing for the kiss of breeze unbridled from heat, remembering dreams of sap and roots. fragmented noise rising over crops trampled under feet, unified only by the ring of thunder in their heads, reigns supreme over all other sounds: words that will break the back of a hill, words that are bitter blood's creation.

4

NEED — not greed — NEED. simply that. mouths to feed, the wailing of hungry children, the moaning bellies; hunger's pain had to be calmed. it was just gesture to hold the fall of tears through years of struggle, harsh hurts, and poverty. a gesture commanded by survival's needs. if seed was there, no land was there for the planting. if land was there, no seed was there to be planted. the tongue has to be moistened lest it becomes the weight that takes you down to the brown of groun for the feast of worms. who would clothe your children? who would hoe your field? who would fetch water on their head to water your withering crops when the rain witholds its fall?

eyes that have waxed through nights without sleep, burning
shape out of dark-filled space, see only death: burning
death, singing death, staring death, dancing still as death
to the rhythm of death, are daggers sharp and sure of sight.
they know the colours of want, the frame around the
earth, the grains of light hidden in the dark. UGLINESS.
day comes. UGLINESS. day departs. UGLINESS. night
descends. UGLINESS. dark departs. UGLINESS. . . . so
many flowers fragrant scents, fire-feathered bird singing
sunshine songs, clean green spread, the sky so blue . . .
UGLINESS. how can eyes see beauty when pain makes
numb the soul's senses? THE LOOK IS ALWAYS FIXED.
IT MUST BE UNHOOKED.

6

once flowering dance seeking the rhythmic brilliance of
the sun of some, the god of others, the source of the life of
breath; decaying limbs now rock the wind's tune, tumble
down under the sting of the whip of poverty, time, oppression, yea, snap at the breeze command. the years march on,
the suffering grows, spreads out like spilt kerosine. the
years march on . . . flowers fold and unfold. the root
despises the rock. the earth becomes less fertile, rocks
more hard: bitterness ossified. the years march on . . .
STOP TIME! GAUGE THE PACE OF YOUR BREATH
. . . TURN THE MOON AROUND. THEN REWIND
YOUR HEARTS. let no more trees be felled or else the
forest will be bare and you will always live in fear of the
sawdust harvest and the battle of vines and night-dew —
your spirit's reduction.

7

a few fruits that fell over-ripe from tree carrying surplus. that was all the call of brutal death at the stinking hands of pus pulsing oppressor desired. something to moisten the tongue, to soothe intestinal pain, to pacify hunger. the want was only rational. the waste like ugly violence. John died in urgent dream of the juice rolling down his children's chins and the taste riding his senses. the gun had always been in ready, the chance was all that remained. chance that need would lead him, as mice to cheese, there where he lays stiff like a tree freshly felled. finger and trigger were in touch deaming of the moment of caress. HOW SOON? HOW SOON? NOW!

8

feet too free for boots or shoes flatten grass breeding seeds growing grass, crack sun-soaked twigs crisp like sun-baked leaves: loose limbs that forgot the hold of stems, bending too easy, not knowing the brown of ground where roots have rot. these feet now move at urgent pace, marching the march of blood, carrying furnace-flesh. thorns nor bush nor mangoose trap can stop them now. no walls can bar them, no insects harm them, no evil spirit of night cause them fear. their path have been made clear by their passion's harvester. the soil rejoices at their march, and the moon howls DARKNESS. . . . DARKNESS. . . . on a night with stars scaring wounded clouds that are grey clots of blood in the sky on the far far side of the world.

9

it took him quick, like burning speed, and life leapt out like a flash of glass-sharp light. his back was bent, his arms stretched out to pick up fallen fruits, when fire flashed him, flamed him, leaving him face-down-flat, leaking, no voice, no speaking. not even a moan or groan to signal his dark descent to the bitter bed of memory. this man of flesh and bone and marrow who kept sorrow deep within him like a sacred vow was no more now than a moment exploded. his life's search lost, the lines of hope for freedom on his brow now erased. O THE SCARLET FLOOD . . . THE SCARLET FLOOD . . . THE BITTER TASTE . . . THE LONELY BONE . . . HE BLESSED DUSK . . . THE EVENING. no grave is deep enough for such a death . . . FATHOM HELL!

10

voices from a green distance ride the soft darkness of a night aflame. grass, leaves of trees stilled by retreat of wind, vines curled tightly round juice-drained twigs, and all things green, bleed greenly. fireflies loose their light. a galloping star halts to oblivion. voices, that are more than sound carrying words of anger, words of fire, words of iron and steel, wheeling over ripe canefields, ring out loud on a citrus night. seal of silence broken. words long held back now spoken. passivity and silence attacked. only violence can say the rest . . . only a blast can level the hill.

11

blast of the muderous gun seemed to shake even the sun, did echo loud and far away that day, way down low through valley to mountain top and back, flat, digging deep into the people's passive silence. the muderous man had held them in ice-contempt, his attitude being that which we have for crows, when cursing with mout ful! of scorn. he did not, for a moment, think the blast would make them even blink a blink or crack their dry humility. but sound of the blast was ice pricks stabbing, cracking up ice in their heads; the echoes bein the bruning thaw, the future death they saw in shapes of raw meat freshly butchered. SAID THE THROAT TO THE BLADE: KISS ME LONG AND DEEP. such a wild awakening the moment was: a trauma invoked by the drama and the therapy all tied-up. one death. BUT DATS HENUFF. numbers cannot carry those gone before. and now no more was the shock the gun said. SAID THE BLADE TO THE THROAT: MY LOVE FOR YOU IS AS SHARP AS MY TONGUE. and the sound of the death still echoed in their heads.

12

eyes of fire is light enough to pierce the dark, to turn stones, to burn bones, to melt the night, to clear the path of anger. eyes that have seen the dark side of the moon resume their quest for sight of right. the moon has turned its back on them in a cruel gesture stained with dark rebuke. but the flame is always there, though sometimes low. the spark is never gone or else the spirit would suffer a brutal freeze and blind would surely be the line. darkness hums as eyes of fire drink thereof with desert thirst. the people know that the sullen moon is sure to spin round, is sure to appear when the air is more clear, when the morning breeze comes blowing cool the taut night heat, that sheet of cloud that came when death took life. REMOVE THE SHADOW! ALTER THE IMAGE! BUT DO NOT DESTROY THE MIRROR!

13

steel took flight, left soil; machetes were sharpende, torches made ready for flame. blast of the gun resounding still. GOT TO LEVEL THE HILL! the will had always been there, far hidden in dark suffering, drugged and cold in narcotic dream. sound of the gun was all the need to crack sleep like a wailing bell, jucking nightmare, shattering fear. in silence all was made ready for the slaying of the stain upon the day. it was night. the time just right. they rose without a word, making straight for the white man's house, seated vulgarly on the peak of a hill. sure was the way, the inevitable path to the place of cleansing, the deadly road of right revenge and also forward. ackee-head image was them parting the black bronze night, setting aflame the darkness. O THE BOMBOO SWAY . . . THE CROOKED

LIGHT, THE LONELY WAY . . . THE MARCHING
BLOOD, THE EVENING. . . . THE DARKNESS. behold,
eyes that waxed harsh drink softly thereof, and lo, the
womb of silence is made glad. the sermon of their hearts
is all amber song, enough to drown the earth with tears
beyound the boiling point of stone. THE HILL! GOT TO
CLIMB THE HILL!

14

they gathered there at the foot of the hill facing slippery
slope of loose earth, the hill staring back contempt. the
climb had to be careful steps, moves finely measured, the
ascent in cool, pure, silence. a slip a fall! death all the
reward if hold loosened or earth betrayed. they took the
steep with fear outlawed, hesitation imprisoned, cowardice
killed, yea, even the sound of breathing slaughtered. fingers
dug deep into sandy soil, toes caressed this too. AT THE
TOP. FLAT. mansion still without and in. behind the house
of block and steel and cedar wood and glass and shiny tiles
and noisy coloured paints, a quaint but barren lemon tree.
seated on a leafless limb was a crow viewing the scene with
anxious stare.

15

torches lit for sight more sure, hands raised, machetes
ready for slicing song. then the sudden charge, smashing
windows, busting doors, feet hardened through intimacy
with the earth; black feet firm on earth, move to the
drums of death, beating out the passion and the fury of
hearts bled dry. FEAR! SCREAM! BLOOD! NECK!
HATE! THROAT! SWEET. DONE: blue murders in the
night. the murderous man, his murderous wife, their
murderous child to be, all flesh and bone in blood.

16

the cleansing done, the stain removed, the silence pure, night cooled down, moon turn round. hearts hum slow. anger cooled. the will done. the silent song of peace. now the slow descent down the hill. a citrus night parades sweetness. on a fruitless tree a crow spreads out its wings in ready for descent to feast off freshly butchered flesh. his name is John.

JOHN DIE KRÄHE

(John Crow — in den Südstaaten der USA eine abschätzige
Bezeichnung für Schwarze, in Jamaica eine aasfressende
Krähenart)

1

aus dem maul Europas drang raubgier, durchpflügte das
reiche ackerland der hoffnung des leibes nach ernte,
schleppte leid nach süden — menschliche gier und die wu-
chernden bedürfnisse des kapitals — beide. von der wurzel
des wechselblättrigen baumes aus giftigem fluch und laub
des geizes kamen zerstörung tod furcht verzweiflung, se-
gelten südwärts in angst, rissen wahre wurzeln los von si-
cherer zukunft, machten sie zum vegetativen schmerz der
welkenden knospen schwarzen wachstums. sonne, die einst
den völkern des erdbodens leuchtete, glüht nun gewalt auf
sie, durchbohrt herzen mit scharfen strahlen des zornes
(wurzeln tasten über fels, suchen saft der wahrheit, lebens-
wasser). ohne schatten schwanken sachte grüne stiele,
rote blüten, goldene welke blätter, erwarten den hurrikan,
erwarten das steppenfeuer, erwarten die nacht und den tag
des weizens und der tränen. soviele jahre schlaf in der
raupengestalt . . . wie manche für die schmetterlingsge-
stalt? ruhe ist nicht der reifezustand wo ein donnerschlag
deinen frieden sprengt. zeit reitet einen steten schritt.
reite den sturm, sporne den wind, galoppier den galopp.
galoppieren! laß den traum, zerreiß die wolke, vergewaltige
das dunkel, küß die sonne, schwimm auf der flut; versuch
nur nie, den sturm zu bändigen. die stimme aus dem nichts
schreit auf, soviel recht auf erfüllung. erfüll das nichts! laß
deine leidenschaft bis zur flut deines schmerzes steigen,
aber verlaß nicht den lebenden leib.

2

die nachricht geht um, John sei tot. der anführer dieser
Bande von schwarzen, die nicht wie ziegen, sondern wie

eine schar stinkender hahneküken dem weißen reichtum
gegenüberstanden (schwarze besaßen nichts, werden bald
zurückerobern). dies war der träge schwarze, der mit bloßen händen dreck zu erde machte, sein stück land bepflanz-
te, sich über den bach beugte, sich treiben ließ kühl an der
bananenpflanzung vorbei, emporgetragen, wieder eintau-
chend, umgeben vom baumhohen bambus dort wo der
bach ein S macht am ausgedehnten grundstück des weißen
mannes vorbei. FORM KANN PROVOZIEREN . . . DER
SCHATTEN IST GRÖSSER ALS DER BAUM . . . DER
MENSCH WIRD BALD . . . MUSS FREI SEIN! das war
der mann, der sein land nicht verkaufte, auch als der weiße,
besessen vom gnadenlosen plan, ihm lumpige münzen zum
kaufpreis bot und sonst tod. widerstand hielt Johns metal-
lische kraft. John, der mann, der den wert seines landes
kannte, gab nicht nach. er besaß nicht den schild, der die
strahlen zurückwirft, doch ließ er den scharfen Stahl seiner
machete wie blitz durch einen stein fahren; seine antwort
war der funke hartblitzend wie der gespaltene stein. er er-
kannte den wert seines landes und dachte nicht daran, es
herzugeben.

3

stimmen, wie zorniger regen, der die oberfläche eines sees
trifft, zersplittern die harte stille einer zitronenduftenden
nacht; laufen aus in geräusche, die den fluß des blutes
stocken machen: und insekten, schlamm, reptilien, steine,
diamanttropfen von tau sind auf der suche nach einem bes-
seren versteck vor der angst. angst in vertrockneten stimmen, sie klirren dürre, zweifel, aufruhr. die nacht ist feucht
und feurig; das dunkel ist flammen und zorn: zorn ist der
klang dieser stimmen, er wälzt noch die schlafenden blätter, welche die berührung einer von den fesseln der hitze
befreiten brise ersehnen, sich erinnern an träume von saft
und wurzeln. bruchstücke von lärm fliegen auf über zer-
trampelte ernten, vereint allein durch das hallen des
donners in den köpfen, herrschen sie über alle andern
geräusche: worte, die das rückgrat eines hügels brechen

werden, worte erschaffen aus bitterem blut.

4

NOT — nicht gier — NOT. nur das. münder, die essen wollen, das wimmern hungriger kinder, das stöhnen im bauch; das weh des hungers muß gestillt werden. die mechanische geste, die fallende tränen aufhält während jahren des kampfes, der aufgerissenen wunden, der armut. eine geste, vom überlebenskampf diktiert. wo saatgut war, gab es keinen acker; wo land war, gab es keine saat. die zunge braucht feuchtigkeit, sonst wird sie zum gewicht, das dich hinunter ins dunkel der erde zieht, als fraß für die würmer. wer soll deine kinder kleiden? wer soll dein feld umgraben? wer soll wasser herbeitragen auf seinem kopf und deine verdorrende ernte begießen, wenn sich der regen verweigert?

5

augen, die geweitet sind von schlaflosen nächten, die gestalt aus der raumfüllenden finsternis gebrannt haben, schauen nur tod: brennenden tod, singenden tod, glotzenden tod, tanzend noch als tod zum rhythmus des todes, sind sie dolche, scharf und klar in ihrer sicht. sie kennen die farbe der entbehrung, die schranken um die erde, die lichtkörner, die im dunkeln verborgen liegen. HÄSSLICHKEIT. tag kommt. HÄSSLICHKEIT tag vergeht. HÄSSLICHKEIT. nacht fällt. HÄSSLICHKEIT. dunkel vergeht. HÄSSLICHKEIT . . . soviele blumen liebliche düfte, feuerfedriger vogel singt sonnenlieder, reines grün hingebreitet, der himmel so blau . . . HÄSSLICHKEIT. wie können die augen schönheit sehen, wenn qual die sinne der seele betäubt? DER BLICK IST IMMER STARR. ER MUSS GELÖST WERDEN.

6

einst suchte .blühender tanz den rhythmischen glanz, den

man sonne nennt, oder gott, die quelle des lebens im atem. faulende glieder jetzt, die sich im lied des windes wiegen. zu boden taumeln unter der schneidenden peitsche der armut, zeit, unterdrückung, ja entzweispringen, wenn's der wind will. die jahre rücken vor, die qual gedeiht, breitet sich aus wie verschüttetes kerosin. die jahre rücken vor . . . blumen schließen, öffnen sich, die wurzel verabscheut den fels. die erde wird unergiebiger, die felsen noch härter: verknöcherte bitterkeit. die jahre rücken vor . . . STOPPT DIE ZEIT! MESST DEN GANG EURES ATEMS AB . . . DREHT DEN MOND UM. DANN ZIEHT EURE HERZEN NEU AUF. laßt keine bäume mehr fällen, sonst steht der wald leer und ihr lebt auf ewig in furcht vor der sägemehlernte und dem krieg zwischen ranken und nachttau — euer mut verkümmert.

7

ein paar früchte, die überreif vom übervollen baum fielen. mehr braucht es nicht, um brutalen tod aus den stinkenden händen des eiterblütigen unterdrückers zu rufen. etwas um die zunge anzufeuchten, das reißen in den därmen zu lösen, den hunger zu stillen. das bedürfnis war völlig klar. die verschwendung schien ein häßlicher gewaltakt. John starb im drängenden traum wie der saft seinen kindern übers kinn rinnt, seine sinne besessen vom aroma. das gewehr hatte immer bereitgelegen, nur die gelegenheit hatte gefehlt. gelegenheit, wo die not ihn führen würde wie eine maus zum käse, dorthin wo er jetzt liegt, steif wie ein frisch gefällter baum. finger und abzug berühren sich, träumten vom augenblick der vereinigung. WANN ENDLICH? WANN ENDLICH? JETZT!

8

füße zu frei für stiefel oder schuhe beugen gras das saat treibt für neues gras, knicken sonnendurchtränkte zweige so dürr wie sonnengeröstetes laub. lose glieder, die den halt des stammes vergessen haben, zu leicht sich beugen, den braunen boden nicht kennen, der wurzeln düngt, in dem wurzeln verfault sind. diese füße nun in drängendem schritt, sie marschieren den marsch des blutes, tragen hochofenleiber. nicht dornen nicht gestrüpp nicht tierfalle kann sie mehr aufhalten. keine mauer kann ihnen widerstand leisten, kein insekt ihnen schaden zufügen, kein böser geist der nacht ihnen angst einjagen. ihre pfade sind gerodet vom schnitter ihrer leidenschaft. der boden jauchzt unter ihrem tritt und der mond jault FINSTERNIS . . . FINSTERNIS . . . in einer nacht, wo die gestirne die wunden wolken bedrohen, welche als graue blutklumpen jenseits der welt im himmel stehen.

9

es schlug in ihn ein wie brennender sturzflug, und das leben sprang aus wie ein glasscharf hochzuckendes licht. er stand noch gebeugt, die arme nach den gefallnen früchten gereckt, und feuer fuhr durch ihn, versengte ihn, streckte ihn flach aufs gesicht, ohne stimme, ohne worte. nicht einmal ein stöhnen, ein ächzen zeigt ihn auf dem finstern abstieg ins bett der erinnerung. dieser mensch aus fleisch und blut und mark, der das leid tief in sich verschlossen hielt wie einen geheiligten eid, ist jetzt nichts mehr als ein explodierter augenblick. die lebenslängliche suche umsonst, die zeichnung der erhofften freiheit auf seiner stirn ausgelöscht · O DIE SCHARLACHLUFT . . . DIE SCHARLACHLUFT . . . DIE BITTERKEIT AUF DER ZUNGE . . . DER EINSAME SCHÄDEL . . . ER SEGNETE DIE FALLENDE DÄMMERUNG . . . DEN ABEND. kein grab ist tief genug für einen solchen tod . . . ERMISS DIE TIEFE DER HÖLLE!

10

stimmen aus grüner ferne lassen sich tragen vom weichen dunkel einer nacht in flammen. gras und laub stumm nach dem rückzug des windes, schlingpflanzen eng um dürrgesaugte zweige gewunden, und alles grüne grün blutend.

leuchtkäfer verlöschen. ein rasender stern steht still in ver-
gessenheit. stimmen, mehr als nur tragender ton für worte
aus wut, worte aus feuer, worte aus eisen und stahl, die
über reifen zuckerrohrfeldern kreisen, klingen hoch in
einer zitronenen nacht. siegel der stille zerbrochen. lang
erstickte worte jetzt gesprochen. passivität und schweigen
zerschlagen. nur gewalt kann den rest sagen . . . nur eine
explosion kann den hügel einebnen.

11

die explosion des mörderischen gewehres schien die sonne
zu erschüttern, hallte laut und weit und breit hinab durch
tiefes tal zu berggipfeln und zurück, dumpf, grub sich tief
ins passive schweigen der menschen. für diese kannte der
mörder nur die eisige geringschätzung, mit der man krä-
hen ansieht, flüche aus einem maul voll verachtung. keinen
moment dachte er daran, die explosion könnte nur ihre
lieder zucken machen, könnte ihre spröde demut aufbre-
chen. doch der dröhnende krach war der stoß eines eisigen
stachels und spaltete das eis in ihren köpfen; die echos
wurden zum siedenden tau. zur zukunftsvision des todes
in der gestalt von frisch gemetzeltem rohen fleisch. ES
SPRACH DIE KEHLE ZUM MESSER: KÜSS MICH
LANG UND TIEF. welch rasendes erwachen in diesem
moment: trauma heraufbeschworen von tragödie und
therapie in einem. ein tod. ABER DAS IST GENUG.
zahlen reichen nicht aus, um die früher getöteten zu
nennen. und von jetzt an keine mehr, hieß der schock des
schusses. ES SPRACH DAS MESSER ZUR KEHLE:
MEINE LIEBE ZU DIR IST SCHARF WIE MEINE
ZUNGE. und in ihren köpfen noch immer das echo des
todes.

12

licht aus feueraugen genügt, um das dunkel zu durchboh-
ren, steine zu wenden, knochen zu sengen, nacht einzu-
schmelzen, dem zorn einen weg zu bahnen. wenn augen

die nachtseite des mondes gesehen haben, beginnen sie wieder die suche nach dem anblick der gerechtigkeit. der mond hat ihnen den rücken gekehrt, eine grausame geste, mit finsterm vorwurf befleckt. aber die flamme bleibt bestehen, auch wenn sie manchmal kaum glüht. der funke geht nie aus, sonst stürzt es wie eis über die seele und in die irre führt der weg. die dunkelheit summt, während feueraugen mit wüstendurst an ihr trinken. die menschen haben gewißheit, daß der grollende mond sich wenden wird, daß er erscheint, sobald die luft klarer ist, sobald der morgenwind die angespannte glut der nacht durchkühlt, dieses leichentuch aus wolken, das erschien, als tod ins leben griff. SCHAFFT DEN SCHATTEN FORT! VERÄNDERT DAS BILD! DOCH ZERSTÖRT NICHT DEN SPIEGEL!

13

stahl bekam flügel, erhob sich vom boden; macheten wurden geschliffen, fackeln vorbereitet. explosion des gewehres hallte noch immer. DER HÜGEL MUSS EINGEEBNET WERDEN! der wille war immer dagewesen, tief verborgen im schwarzen leiden, betäubt und erkaltet im narkotischen traum. nur den krach des gewehres brauchte es, um den schlaf aufzubrechen, wie eine aufheulende glocke, die den alptraum zertrümmert, die furcht zerstreut. in der stille wurde alles vorbereitet, um das makel des tages zu vernichten. es war nacht. die richtige zeit. sie erhoben sich ohne ein wort, ihr ziel das haus des weißen, das grobschlächtig zuoberst auf dem hügel hockte. treffsicher war der weg, die unausweichliche straße zum ort der reinigung, die tödliche route gerechter rache geradeaus. ackeekopfgestalten zerteilten die schwarzbronzene nacht und entzündeten die dunkelheit. WIE DER BAMBUS SCHWANKT . . . DAS EINGEKRÜMMTE LICHT, DER EINSAME WEG . . . DAS BLUT AUF DEM MARSCH, DER ABEND . . . DIE FINSTERNIS. siehe, in verhärtung gewachsene augen trinken sachte davon, und wahrhaft, der schoß der stille ist beglückt. die rede ihrer herzen ist ein bernsteinklarer gesang, er könnte die welt mit tränen überfluten, heißer als siedender stein. DER HÜGEL! MÜSSEN DEN HÜGEL ERSTEIGEN!

14

sie versammelten sich dort am fuß des hügels unter der schlüpfrigen flanke aus loser erde, und der hügel starrte verachtung auf sie hinab. in vorsichtigen schritten, abgezirkelten bewegungen galt es zu klettern, ein aufstieg in kühler, reiner stille. ausgleiten heißt fallen! und tod die antwort, wenn halt verloren oder erde verraten ist. sie nahmen den abhang, denn angst war gebannt, zögern ausgeschlossen, feigheit tot, ja, das geräusch des atems abgewürgt. finger wühlten sich in sandigen grund, zehen tasteten darüber. OBEN ANGELANGT. GRADEAUS. die villa still außen und innen. hinter dem bau aus beton und stahl und zedernholz und glas und glänzenden fliesen und schreiend buntem lack ein gewöhnlicher zitronenbaum, aber unfruchtbar. auf einem kahlen zweig sitzt eine krähe, verfolgt das geschehen mit glühendem blick.

15

fackeln entzündet für sichere sicht, hände erhoben, die macheten gestimmt für das lied des zerhackens. dann jäh der angriff, splitternde scheiben, platzende türen, füße, gehärtet im verkehr mit der erde: schwarze füße, fest auf dem Erdboden, tanzen zu den trommeln des todes, stampfen die leidenschaft und raserei ausgebluteter herzen heraus. ANGST! AUFSCHREI! BLUT! NACKEN! HASS! KEHLE! SÜSS! FERTIG: blaue morde in der nacht, der mörder selbst, seine mörderfrau, ihr zukünftiges mörderkind, alle mit fleisch und bein im blut.

16

die reinigung vollzogen, der makel getilgt, die stille rein, nacht ausgekühlt, mond zurückgekehrt. herzen summen

bedächtig. der wille vollstreckt. das lautlose lied des frie-
dens. und nun der langsame abstieg den hügel hinunter.
die zitronennacht schwelgt in ihrer süße. auf einem baum
ohne früchte breitet eine krähe die flügel zum sturzflug,
um sich an frischgeschlachtetem fleisch zu mästen. man
nennt sie John.

COME WI GOH DUNG DEH

come wi goh dung deh
mek wi tek a ride dung deh
come wi goh dung deh
mek wi forwud dung deh
gonna badituppa badituppa badituppa . . .

come wi goh dung deh

de people demma bawl
fe food dung deh
dem cant get noh food
but food dung deh

de people demma bawl
fe work dung deh
dem cant get noh work
but work dung deh

de people demma bawl
fe sheltah dung deh
dem cant get a room
but palace dung deh

de people demma bawl
fe mercy dung deh
dem cant geht noh mercy
mercy noh dung deh . . .

come wi goh dung deh
mek wi tek a stride dung deh
come wi goh dung deh
mek wi forwud dung deh
gonna badituppa badituppa badituppa . . .

come wi goh dung deh

KOMM WIR GEHN DORT RUNTER

komm wir gehn dort runter
steig ein, wir fahren runter
komm wir gehn dort runter
los, gehn wir runter
dort ist der teufellos teufellos teufellos . . .

komm wir gehn dort runter

die leute heulen
nach fressen dort
sie haben nichts zu fressen
doch es gibt zu fressen dort

die leute heulen
nach arbeit dort
sie haben keine stelle
doch es gibt arbeit dort

die leute heulen
nach wärme dort
sie finden kein zimmer
doch es gibt paläste dort

die leute heulen
nach erbarmen dort
und niemand hört sie an
erbarmen gibt es nicht dort

komm wir gehn dort runter
mach schnell, wir gehn runter
komm wir gehn dort runter
los, gehn wir runter
dort ist der teufellos teufellos teufellos . . .

komm wir gehn dort runter

de people demma fite
fe work dung deh
de people dem a fite
one annadda dung deh

de people demma fite
fe stay alive dung deh
de people demma fite
fe dem rites dung deh

de people demma fite
oppreshan dung deh
de people demma fite
fe dem life dung deh

de people demma fite
fe suvvive dung deh
de people demma fite
demma fite dung deh

soh come wi goh dung deh
mek wi mek a stap dung deh
soh come wi goh dung deh
mek wi forwud dung deh
gonna badituppa badituppa badituppa . . .

come wi goh dung deh!

die leute kämpfen
um arbeit dort
die leute bekämpfen
einander dort

die leute kämpfen
ums überleben dort
die leute kämpfen
um menschenrechte dort

die leute kämpfen
gegen unterdrückung dort
die leute kämpfen
um ihr leben dort

die leute kämpfen
ums nackte leben dort
die leute kämpfen
sie kämpfen dort

komm gehn wir dort runter
bleiben wir dort unten
ja, komm, gehn wir runter
los, gehn wir runter
dort ist der teufellos teufellos teufellos . . .

komm wir gehn dort runter!

PROBLEMS

"don't let problems get you down;
it will put you in a hole!" — Horace Andy

tek yu han fram yu head
show dem yu dread
an yu dont check de dead;
fire fe dem tail!
say de people dem a rail
de bullets dem a fail
an de wicked dem a wail . . .

FARWUD!

dig-up de dus
kick-up a fus
brush aside
de wide wide stride
an dont hide yu ride . . .

GIDDY-UP!

tek dem in de dawn
tek dem in de nite
yu got de strength
yu got de mite
an yu dont know noh frite . . .

TEK DEM!

tek dem inna hush
tek dem widda rush
beat dem to de dus;
brush dem aside
yu path is wide
but yu gotto know yu stride
when yu riding yu ride

PROBLEME

(laß dich nicht von problemen unterkriegen;
dann gibt es keinen ausweg mehr — Horace Andy)

nimmt die hände vom gesicht
zeig deinen dread
zeig daß dich die toten nichts angehn;
knall ihnen in den hintern!
die menschen jubeln
die kugeln versagen
und die unterdrücker jaulen . . .

VORWÄRTS!

wirble staub auf
mach krach
feg weg
in riesenschritten
und zeig, daß du da bist . . .

STEH AUF!

schlag zu in der dämmerung
schlag zu in der nacht
du bist stark genug
du bist mächtig genug
und du kennst keine furcht . . .

SCHLAG ZU!

schlag zu in der stille
schlag zu im sturm
schlag sie zu boden
feg sie beiseite
dein weg ist breit
doch du mußt wissen was du tust
wenn du diesen weg gehst

rise an site
de lite
how it brite
it rite
it rite
it rite
it rite . . .

DO IT!

an dont let noh problems
get yu doun
cause they will put yu in a hole
an yu gotto be bold
if yu wanna save yu soul

rise an site
de lite
how it brite
it rite
it rite
it rite
it rite

SOH DO IT. RITE NOW.

steh auf und sieh
das licht
wie hell
wie recht
wie recht
wie recht
wie recht . . .

TU ES!

und laß dich nicht unterkriegen
von problemen
dann siehst du keinen ausweg mehr
doch mußt du stark sein
wenn du dich retten willst

steh auf und sieh
das licht
wie hell
wie recht
wie recht
wie recht
wie recht

DRUM TU ES. JETZT.

SONG OF BLOOD

I trod de day
all de way
an ride de nite
clutchin site
movin sway
searchin lite . . .

There's a glow on the hill, way over yonder
there's the blast of the guns down below

I screw de sun
jus fe fun
hue de moon blue
spiritually true
mystically spun
perpetually new . . .

there are robbers in the gullies, on the streets
there are wicked men sitting in the seats of judgement

I check de stars
all de scars
dat wound an heal
de dread I feel
de dread I star
de dark I seal . . .

there's a sign in the flash that slashes the nite
there's the sound of the drums poundin blood gushin down

I hurt de pain
again an again
hole de sting
an mek it sing
an mek it pain
an mek it ring . . .

there are sufferers with guns movin breeze through the trees
there are people waging war in the heat and hunger of the
    streets.

LIED VOM BLUT

den ganzen tag geh ich
so weit
die ganze nacht voran
mit angespanntem blick
schwingender bewegung
auf der suche nach licht . . .

eine glut auf dem hügel dort drüben
der krach von gewehren im tal

ich vögle die sonne
einfach so
male den mond blau
geistige wahrheit
mystisch gesponnen
ewig erneut . . .

verbrecher in den gräben, auf den straßen
ungerechte auf dem thron des gerichts

ich zähle die sterne
all die narben
die aufreißen und heilen
die macht die ich fühle
die macht die ich zeige
die dunkelheit die ich besiegle . . .

ein zeichen im blitz der die nacht zerfetzt
der klang von trommeln die stampfen unter strömenden blut

ich leide den schmerz
wieder und wieder
behalte den stachel
lasse ihn singen
und lasse ihn schmerzen
und lasse ihn klingen . . .

gequälte mit gewehren streichen wie wind durch die bäume
menschen rufen krieg aus in der hitze und im hunger der
     straße.

BASS CULTURE

DREAD BEAT AN BLOOD

brothers and sisters rocking,
a dread beat pulsing fire, burning;

chocolate hour and darkness creeping night.

black veiled night is weeping,
electric lights consoling, night.

a small hall soaked in smoke:
a house of ganja mist.

music blazing, sounding, thumping fire, blood.
brothers and sisters rocking, stopping, rocking;
music breaking out, bleeding out, thumping out fire:
                                    burning.

electric hour of the red bulb
staining the brain with a blood flow
and a bad bad thing is brewing.

ganja crawling, creeping to the brain;
cold lights hurting, breaking, hurting;
fire in the head and a dread beat bleeding, beating fire:
                                    dread.

rocks rolling over hearts leaping wild,
rage rising out of the heat of the hurt;
and a first curled in anger reaches a her,
then flash of a blade from another to a him,
leaps out for a dig of a flesh of a piece of skin.
and blood, bitterness, exploding fire, wailing blood,
                                    and bleeding.

GEWALT, TAKT UND BLUT

brüder und schwestern trägt rhythmus
gewaltsamer takt pulsiert feuer, brennt;

schokoladebraune stunde und dunkel schleichende nacht.

schwarz verschleierte nacht schluchzt
elektrische lampen trösten, nacht.

eine halle, im rauch ertränkt:
ein haus aus ganjadunst.

musik, die feuer flammt und brüllt und stampft. blut.
brüder und schwestern trägt rhythmus. stille. rhythmus.
aus musik bricht und blutet und stampft das feuer:
es brennt.

elektrische stunde des rotlichts
befleckt das hirn mit der blutflut
und das böse gärt auf.

ganja kriecht und schleicht sich ins hirn;
kaltes licht bohrt und bricht und bohrt;
feuer im kopf und gewaltsamer takt, der feuer blutet und
klopft:
gewalt.

fels poltert über wild zuckende herzen
raserei schießt hervor aus der hitze der pein;
eine faust zorngekrümmt trifft auf eine frau
dann der blitz einer klinge vom einen zum andern
im sprung für den biß von fleisch von fetzen der haut.
und blut, bitterkeit, berstendes feuer, blutweinen
und bluten.

REGGAE SOUNDS

Shock-black bubble-doun-beat bouncing
rock-wise tumble-doun sound music;
foot-drop find drum, blood story,
bass history is a moving
    is a hurting black story.

Thunda from a bass drum sounding
lightening from a trumpet and a organ,
bass and rhythm and trumpet double-up,
team-up with drums for a deep doun searching.

Rhythm of a tropical electrical storm
(cooled doun to the pace of the struggle),
flame-rhythm of historically yearning
flame-rhythm of the time of turning,
measuring the time for bombs and for burning.

Slow drop. make stop. move forward.
dig doun to the root of the pain;
shape it into violence for the people,
they will know what to do, they will do it.

Shock-black bubble-doun-beat bouncing
rock-wise tumble-doun sound music;
foot-drop find drum, blood story,
bass history is a moving
    is ha hurting black story.

REGGAE SOUNDS

schock-schwarz strodelndes rhythmuspochen
felsblock-polterfall-hall musik
fuß findet pauke, blutbotschaft,
baßwort erzählt erschütternde
        qualvolle schwarze geschichte.

donner dröhnt von der trommel
blitze aus orgel und trompete,
baß und rhythmus und trompete kompakt
verbunden mit dem schlagzeug für die suche im abgrund.

rhythmus eines tropischen elektrischen sturms
(abgekühlt im gleichschritt des kampfes)
flammenrhythmus des vergangnen verlangens
flammenrhythmus der zeit des umbruchs
mißt die zeit ab für bomben und für feuer.

langsam. halt an. weiter voran.
wühl hinab bis zur wurzel der qual
gestalte sie um in gewalt für das volk,
es wird wissen was zu tun ist, und es tun.

schock-schwarz strodelndes rhythmuspochen
felsblock-polterfall-hall musik
fuß findet pauke, blutbotschaft,
baßwort erzählt erschütternde
        qualvolle schwarze geschichte.

BASS CULTURE

(For Big Yout)

1
muzik of blood
black reared
pain rooted
heart geared;

all tensed up
in the bubble an the bounce
an the leap an the weight-drop.

it ist the beat of the heart,
this pulsing of blood
that ist a bubbling bass,
a bad bad beat
pushin gainst the wall
whey bar black blood.

an is a whole heappa
passion a gather
like a frightful form
like a righteous harm
giving off wild like is madness.

BASS KULTUR

(For Big Youth)

1
musik des blutes
aus schwarz aufgezogen
im schmerz verwurzelt
vom herzen getrieben;

angespannt
im strudeln und im aufprall
und im aufschnellen und im fall.

es ist der schlag des herzens
das pulsieren von blut
wie ein blubbernder bass
steinharter taktschlag
gegen die mauer
die schwarzes blut kerkert.

und all die leidenschaft
staut sich
zur schrecklichen gestalt
zur gerechten gefahr
im ausbruch wild wie der wahnsinn.

2
BAD OUT DEY

3
hotta dan de hites of fire
livin heat doun volcano core!
is de cultural wave a dread people deal.

spirits riled
an rise an rail thunda-wise;
latent powa
in a form resemblin madness
like violence is the show;
burstin outta slave shakkle,
look ya! boun fe harm the wicked.

4
man feel:
him hurt confirm.
man site
destruction all around.
man turn;
love still confirm;
him destiny a shine lite-wise;
soh life tek the form whey shiff from calm
an hold the way of a deadly storm.

5
culture pulsin
high temperature blood
swinging anger
shattering the tightened hold;
the false bold fold
round flesh whey wail freedom;

2
SCHLIMM DORT DRAUSSEN

3
heißer als sengendes feuer
lebendige glut im herzen des vulkans!
flutwelle der kultur, die von einem gewaltigen volk strömt

gequälte geister
steigen auf, klagen an wie donner;
lauernde kraft,
ihre gestalt gleicht dem wahnsinn,
ihr gesicht ist gewalt;
sie bricht aus sklavenketten,
sieh! sie wird rache nehmen an den unterdrückern.

4
wir fühlen?
der schmerz bestätigt es.
wir sehen
zerstörung rund um uns
wir wenden uns um;
auch die liebe bestätigt es;
unser schicksal erscheint wie licht
und das leben bricht fort aus der stille
schlägt die bahn eines tödlichen sturmes ein

5
kultur pulsiert
im erhitzten blut
schwingende wut
zertrümmert den erstickenden griff;
das falsche starre gewebe
um fleisch, das nach freiheit schreit;

bitta cause a blues
cause a maggot suffering,
cause a blood klaat pressure,
yet still breedin love
far more mellow
than the sounds of shapes
chanting loudly.

6
SCATTA-MATTA-SHATTA-SHACK!
what a beat!

7
for the time is nigh
when passion gather high
an the beat jus lash
when the wall mus smash,
and the beat will shiff
as the culture allta
when oppression scatta.

bitterkeit wird zum trüben blues
wird zum wurmgleichen leiden,
wird zum gottverdammten druck,
und bringt doch noch liebe hervor
die sanfter ist
als ein choral
laut klingender formen.

6
SCATTA-MATTA-SHATTA-SHACK!
dieser schlag!

7
denn die zeit ist nah
wo die leidenschaft hochflutet
und der schlag losbricht
wo die mauer zertrümmert wird
und der takt sich verschiebt
wie die kultur sich wandelt
wenn die fessel fällt.

SONG OF RISING

(For Sista Vi who knows why)

"dere'ill be peace/in da valley/some day" — Roman Stewart

dere'ill be peace
in da valley
some day.

yu got to do as de say;
yu got to find a way;
swing wid de swing;
risehup de sway!
let all man say:
risehup de sway!

dere'ill be love
in da valley
some day.

yu got to fite
fe yu rite
wid yu mite
fe yu life
fe suvvive
an be wise
an strive
in peace
wid love.
den . . .

dere'ill be peace
in da valley
forever

dere'ill be love/in da valley/forever.

FÜR DEN WEG HINAUF

(für sister Vi, die den grund kennt)

„eines tages/wird frieden/im tal sein" — Roman Stewart

eines tages
wird frieden
im tal sein.

tu was er sagt;
find einen weg;
geh mit dem schwung
im flug hinauf!
laß alle sagen:
im flug hinauf!

eines tages
wird liebe
im tal sein.

du mußt kämpfen
um dein recht
mit aller kraft
um dein leben
dein überleben
und sei klug
such deinen weg
in frieden
mit liebe.
dann . . .

wird friede
im tal sein
für immer

wird friede/im tal sein/für immer.

KLASSIKAL DUB

(For the Upsetters)

dis is a dreadful bad bass bounce
blood a leap an pulse a pounce

riddim cuttin sharp
riddim cuttin sharp
riddim cuttin sharp so

whatta search mi riddim on de hi-fi
whatta dreadful bounce heavy-low
whatta jucky-jucky-jucky-jucky juck-ee

jucky-jucky bounce
jucky-jucky bounce
jucky-jucky bounce

blast an tumble rumblin doun soh!

FIRE FE DE WICKED
venjance on de day
FIRE FE DE WICKED
brimstones in deir bones I say
FIRE FE DE WICKED
blast dem cast dem doun deh

whatta shakeitup drum stick rackle
sharppa dan a, harsha dan a glass-backle riddim
cuttin up a flesh in a I-yah fire fashan
whatta doun soh drop stop bap beat drop

klassical mystical dub
klassikal mystical dub
klassikal mystical dub

get yu set fe mek yu move out deh!

KLASSIKAL DUB

(For the upsetters)

ein gewaltiger schauriger baßschlag
blut kocht hoch und pulsiert und stößt

rhythmus schneidet scharf
rhythmus schneidet scharf
rhythmus schneidet scharf so

dring ein in den aufgedrehten sound
dieser schreckliche schlag tief-schwer
dieses jucky-jucky-jucky-jucky juckie

jucky-jucky schlag
jucky-jucky schlag
jucky-jucky schlag

krach und polterrollen-fall das!

FEUER DEN UNTERDRÜCKERN
rache heute noch
FEUER DEN UNTERDRÜCKERN
schwefel in ihr mark, sag ich
FEUER DEN UNTERDRÜCKERN
sprengt sie stürzt sie runter

dieses rüttelauf trommelwirbelrattern
schärfer als, härter als ein glasscherbenrhythmus
der das fleisch zerfetzt wie I-yah feuer
dieser ab fall halt knall schlag fall

klassischer mystischer dub
klassischer mystischer dub
klassischer mystischer dub

mach dich bereit für den ausbruch!

ONE LOVE

PEACE AN LOVE

peace
    love
peace an love
peace an love to all mankine

cause de wicked got to bleed
    de wicked got to bleed
    de wicked got to bleed
        got to bleed
        got to bleed

floods of blood
upon dis daggard soil

spear an buckla
rod an staaf

lightnin shall strike deir charriots of war
in fire they shall burn to ashes

let them be as de dust
dat de breeze bloweth away

peace
    love
peace an love
peace an love to all mankine

FRIEDEN UND LIEBE

frieden
    liebe
frieden und liebe
frieden und liebe für alle menschen

denn die schlechten werden bluten müssen
   die schlechten werden bluten müssen
   die schlechten werden bluten müssen
             bluten müssen
             bluten müssen

fluten von blut
auf diesem zerfleischten erdboden

speer und schild
rute und stab

der blitz wird ihre kriegswagen treffen
im feuer sollen sie zu asche verglühn

laß sie werden wie staub
den der wind verweht

frieden
    liebe
frieden und liebe
frieden und liebe für alle menschen

WI A WARRIYAH

(For Rasta Love)

CRIER & CHORUS:	what a weepin an a wailin
	an a gnashin of teeth such a sorrow an a horror an a death to de foe!
CRIER:	WI A WARRIYAH
CHORUS:	man stan strong
CRIER:	WI ARE WARRIYAH
CHORUS:	fierce an mighty
CRIER:	WI ARE WARRIYAH
CHORUS:	lion today!
CRIER:	I-yah I-yah I-yah warriyah
CHORUS:	SODOM AN GOMARROW!
CRIER & CHORUS:	what a weepin an a wailin
	an a gnashin of teeth such a sorrow an a horror an a death to de foe!
CRIER:	WI A WARRIYAH
CHORUS:	bold an bustin
CRIER:	WI A WARRIYAH
CHORUS:	blazin red an dread
CRIER:	said de gold an de green
CHORUS:	lion today!
CRIER:	I-yah I-yah I-yah warriyah
CHORUS:	SODOM AN GOMARROW!

WIR SIND KRIEGER

(Für Rasta Love)

SPRECHER UND CHOR:	dieses heulen und klagen
	und zähneknirschen dieser kummer und schrecken und tod dem feind!
SPRECHER:	WIR SIND KRIEGER!
CHOR:	wir richten uns auf, stark
SPRECHER:	WIR SIND KRIEGER!
CHOR:	wild und mächtig
SPRECHER:	WIR SIND KRIEGER!
CHOR:	löwen heute!
SPRECHER:	Krieger, ich und alle, ich und alle, ich und alle!
CHOR:	SODOM UND GOMORRAH!

SPRECHER UND CHOR:	dieses heulen und klagen
	und zähneknirschen dieser kummer und schrecken und tod dem feind!
SPRECHER:	WIR SIND KRIEGER
CHOR:	kühn und kraftvoll
SPRECHER:	WIR SIND KRIEGER
CHOR:	feuerrot und schrecklich
SPRECHER:	sagt das gold und das grün
CHOR:	löwen heute!
SPRECHER:	krieger, ich und alle, ich und alle, ich und alle
CHOR:	SODOM UND GOMORRAH!

TO SHOW IT SO

what a burnin inna man flesh
wid a whorlin an a turnin giddy in de head
when de snap whey ring out crack as dough of bone
at de flight of whip as lash slash flesh;
an de sun did startle harsh an red
when sting dat sing did bring
man an man whey straight inna grace an toil
to crash in a twis like a shadow fallin sudden doun so.

O dat it shud be so kanstant!
why mus de stings everlastin stay be so?

to know dat hurt . . . to know it
to know dat hurt an to show it.

got to hold it doun dey, dough yu feeling got to show,
O ye sons an dautas of affliction, O ye warriyahs be,
till yu site de rite time for de go to make a show,
an deliver yu blow so fierce to pierce de wicked O;
for it shall come to pass dat swords an spears shall cross.
de wicked, even they dat do evil unto you,
shall feel de wrath of man an man an they shall not be.
soh hold it doun dey; mek it ripe fe de time dat is rite.

ES SO ZU ZEIGEN

dieses brennen in unserem fleisch
und das wirbeln und das schwindligsein im kopf
wenn der grelle knall kracht wie brechende knochen
nach dem flug der peitsche, wenn fleisch zerreißt;
und die sonne schreckte hoch in zornigem rot
als unter dem singenden stachel
ein volk, stolz in seiner anmut wie in seiner mühsal
zerbrochen, wurde abgeknickt, wie ein plötzlich fallender
                                                    schatten.

O, daß es immer andauern muß?
warum müssen die ewigen stachel ewig bleiben?

diesen schmerz zu erfahren . . . zu kennen
diesen schmerz zu kennen und zu zeigen.

behaltet ihn in euch, doch zeigt was ihr fühlt,
O ihr söhne und töchter des leidens, O seid krieger,
bis die zeit reif ist wo wir zeigen wer wir sind,
dann schlagt grausam zu und durchbohrt die unterdrücker, O;
denn ein tag wird kommen wo schwert und speer sich
                                                    kreuzen.
die unterdrücker, alle die euch böses tun,
sie werden unsern zorn fühlen und vernichtet werden.
drum behaltet ihn in euch; laßt ihn reifen für die rechte
                                                    zeit.

ONE LOVE

1
man an man
each an every one
a suffa pan dis lan
unda de oppression of a common han;

wi soh afflicted
wi haffe stan;
CAN NEVA FALL,
an to be strong wi got to be ONE.

yet wi rail
fe fail
fe show
de LOVE
dat is
an come thru UNITY;

man an man
each an every one one
tek to diffrant route:
wid dis man goin naut
an dat one goin sout
you to the east gaan freeze
an I to the west no dout:
all movin whey fram de CENTA.

2
babylonian charriots chuckin speed;
yu dash whey yu weed.
yu site dem lites scankin frite
as it flashes,
den de lashes,
blood splashes.

ONE LOVE

1
wir menschen
jeder einzelne von uns
leiden hier
unter dem druck einer einzigen hand;

die prüfung ist so hart
wir müssen bestehen
WIR DÜRFEN NICHT FALLEN
und um stark zu sein, müssen wir EINIG sein.

und doch die pein
des versagens
im zeigen
der LIEBE
die besteht
und entsteht durch EINIGKEIT;

wir menschen
jeder einzelne von uns
gehen andere wege:
dieser nach norden
jener nach süden
du nach osten, wirst erfrieren,
und ich nach westen, ohne zweifel:
alle verlassen die MITTE.

2
babylons wagen brausen daher
wirf dein gras weg
ihre lichter tanzen furcht
blitze
dann schläge
blut strömt.

anadda man stans
and he watches
an you watch too
as babylon boot root kratches
as dem beat a bredda black an blue.

3
so what to do
when we are few
an they be strong
an we divided?
what to do
when we are few
AN NAT UNITED?

dis is de HOWA
OF KANSALIDAESHAN;
got to come togedda;
dont spread!
dat is what JAH RASTA said.
beware of de path of DISTRUCKSHAN
an de snare dat will catch
de man dat is nat aware;
an I declare dat LOVE wi haffe show.

but love is jus a word;
give it MEANIN
thru HACKSHAN;
express it wid true feelin.

und ein anderer steht
und schaut zu
wie du
während babylons absatz zermalmt
während sie einen bruder schwarz und blau prügeln

3
aber was tun
wir sind so wenige
und sie sind stark
was tun
wir sind so wenige
UND NICHT EINIG?

dies ist die STUNDE
DES ZUAMMENSCHLUSSES;
wir müssen zusammenstehen,
geht nicht fort!
dies sind die worte JAH RASTAS.
hütet euch vor der straße der ZERSTÖRUNG
und der schlinge die bereitliegt
für die blinden und stumpfen;
und ich sage, LIEBE wird erscheinen müssen.

aber liebe ist nur ein wort;
gebt ihm BEDEUTUNG
durch euer HANDELN;
gebt ihm ausdruck im wahren gefühl.

Nachwort

1975, als Linton Kwesi Johnson „Dread Beat and Blood" bei Bogle-L'Ouverture, einem der wenigen kleinen Verlage für schwarze Literatur veröffentlichte, konnte noch keiner wissen, daß dieses Buch Jahre später einmal als Klassiker gelten würde. Er selbst wohl am allerwenigsten, verstand er sich doch in erster Linie als politischer Aktivist, der im ‚Race Today Collective' an Brixtons Frontline in Süd-London durch Kampagnen und Öffentlichkeitsarbeit konkreten politischen Widerstand leistete gegen die allgegenwärtigen rassistischen Strömungen im ‚demokratischgastlichen' England: Übergriffe der Polizei und staatliche Willkür gegen die sogenannte ‚ethnic minority' der karibischen Immigranten und ihrer Kinder, die mit großen Versprechungen seit Ende des II. Weltkrieges als billige Arbeitskräfte ins Land gelockt worden waren.

Außerdem war er zu dieser Zeit als einer der profundesten Kenner der Reggaeszene angesehener Kritiker und Musikjournalist für Zeitschriften wie den ‚Melody Maker' und ‚Black Echoes' und sorgte als kompetenter Journalist mit für den theoretischen Background einer auch in weißen Musikkreisen immer größer werdenden Begeisterung für Reggae, die ausgelöst wurde durch den Aufstieg Bob Marleys zum internationalen Star.

Doch Lintons Dichtung hatte gerade durch diese beiden Elemente, die politische Arbeit und das besondere Feeling für Musik, diese besondere Kraft und außergewöhnliche Mischung, die ihn innerhalb weniger Jahre zu einem der bedeutendsten schwarzen Poeten unserer Zeit überhaupt machten. Auf dem Papier erschienen die Gedichte zunächst als schriftlicher und dichterischer Beitrag zum Kampf gegen Benachteiligung und Unterdrückung der schwarzen Minderheit in einer weißen Gesellschaft. Aber sah man genau hin, dann konnte (und kann) man auch schon auf den bedruckten Blättern erkennen, daß diese Poetry eine ganz besondere Qualität hat: geschrieben in der ureigenen Sprache der karibischen Immigranten, dem jamaicanischen Kreol, der karibischen ‚Nation Language', eingebettet in den Rhythmus englischer Worte mit afrikanischem Klang, reihen sich die Worte wie die Einzelteile eines DUB (der Instrumentalfassung eines Reggaesongs) aneinander:

Shock-black bubble-doun-beat bouncing
rock-wise tumble doun sound music;
foot-drop dind drum, blood story,
bass istory is a moving
          is a hurting black story.

Indem Linton Kwesi Johnson radikale Dichtung mit dem Sound
seiner Muttersprache im Rhythmus des Reggae verband schuf er
mit WORD und SOUND eine neue Kunstform, Poesie und Musik,
die uralte Kombination, die schon die afrikanischen Griots zu
mächtigen Stimmen der kulturellen Menschen gemacht hatte.

Konsequenterweise ließ die Produktion einer Schallplatte nicht
lange auf sich warten. 1978 war es soweit: der Dichter und politische Aktivist Linton Kwesi Johnson, der Poet war im Reggae-
rhythmus und mit acht Gedichten auf Vinyl gepreßt (davon zwei
aus diesem Buch). ,Dread Beat and Blood' war der Titel der LP,
die LKJ auf der Rückseite des Covers noch in seiner liebsten Rol-
le zeigte: mit dem Megaphon vor einer Polizeiwache, als Sprach-
rohr des ,Black Parents Movement', des ,Black Students Movement' oder des ,Carnival Development Comitee', (das seinerzeit
gegründet wurde als die Behörden den alljährlich stattfindenden
karibischen Karneval verbieten wollten). Doch trotz seines an-
fänglichen Festhaltens an seiner ursprünglichen Stellung innerhalb der Black Community Englands ist Lintons Weg als ,record-
ing artist' und sein Aufstieg zu einem — wenn auch introvertier-
ten — internationalen Star der Musikszene unaufhaltsam. „Dread
Beat and Blood" als Langspielplatte machte LKJ zum Pionier.
Er ist der erste Dub Poet, der seine Verse je zu Musik auf Platte
pressen ließ.

Dub Poetry! Linton konnte sich mit dieser Bezeichnung nie so
recht anfreunden, die er ja ursprünglich selbst kreiert hatte für
den Sprechgesang der Reggae Dee Jays. Nun aber hatte er mit
seiner ersten Platte einen Stein ins Rollen gebracht, die seine
Kunst, in tausendfacher Auflage auf klingenden Plastikrillen ein
Massenpublikum erreichen ließ und den Begriff Dub Poetry (der
von Poeten-Kollege Oku Onuora in Jamaica aufgegriffen worden
war) in Verbindung mit Lintons Arbeit verbreitete, und international bekannt machte.

Ende der 70er Jahre tritt auch auf Jamaica der inzwischen dort aus dem Gefängnis entlassene Oku Onuora (früher Orlando Wong) größer in Erscheinung, macht eine Single und erreicht mit seinem ersten Buch „Echo" für Jamaica ungeahnten Verkaufserfolg (wenn man bedenkt, daß es sich dabei „nur" um Gedichte handelte).

Die Bewegung der Dub Poets beginnt sich anfangs der 80er Jahre zu formieren. Immer mehr neue Namen kommen hoch: Benjamin Zephaniah, Levi Tafari, Jean Breeze, Mutabaruka, Michael Smith... für sie alle sind die Arbeiten Lintons, und v.a. sein zweites Buch, eben „Dread Beat and Blood", Orientierungspunkt und Inspirationsquelle.

Währenddessen tourt Linton mit seiner Band (mit Freund, Produzent und musikalischem Bass-Genius Dennis Bovell) um die Welt und macht sich und Reggae/Dub-Poetry einen Namen. Er tritt auf in Fernsehsendungen, in Filmen; Artikel werden in allen großen (Musik-)Zeitungen über ihn geschrieben, die englische Fernsehgesellschaft BBC dreht einen Dokumentarfilm über ihn und die drei Buchstaben LKJ sind weit über den Dunstkreis der Reggaeenthusiasten hinaus ein Begriff.

Linton ruht sich nicht auf seinen Lorbeeren aus, sondern ermöglicht den noch unbekannteren Poets seines Heimatlandes Jamaica sich auch in England und Europa einen Namen zu machen. Er holt Oku Onuora nach London und tourt mit ihm 1981 durch Europa, er fördert die erste große Dub Poetess, Jean Breeze und produziert die einzige Platte von Poetry-Genius Michael Smith, der 1983 in Jamaica ermordet wird.

Lintons eigene Arbeit ruht dabei zwar nicht, aber er tritt nicht mehr in dem Maße an die Öffentlichkeit. Doch 1984, vier Jahre nach dem Erscheinen seines dritten Buches ‚Inglan is a bitch' und seiner dritten Platte kommt LKJ noch ein letztes Mal mit ‚Making History', einem Album, das die Presse und Kritiker als die Krönung all seines bisherigen Schaffens bejubeln. Ende 1985 gibt er offiziell seinen Rücktritt von der Konzertszene bekannt:

„Ich habe das alles nicht angefangen, um ein professioneller Poet zu werden, das was ich ja nun während der letzten Jahre gewesen bin. Ich fing an mit einer Sache und die war einfach Poetry zu schreiben, und dann machte ich plötzlich Schallplatten. Ich bin sehr dankbar, denn durch die Musik konnte ich ein weitaus größeres Publikum erreichen, was ich nur mit dem gedruckten Wort allein nie geschafft hätte. Aber nach einer Weile wurde ich einfach müde vom herumtouren. Ich glaubte nicht, daß es noch etwas gab, wo ich innovatorisch tätig sein konnte, innerhalb der Grenzen der Reggae-Form. Ich glaube, ich hatte ziemlich viel Glück während all der Jahre, und es ist nicht gut, es mit seinem Glück zu weit zu treiben. Also dachte ich, es ist gut, aufzuhören, während die Sache noch gut läuft. Und das ist genau, was ich getan habe."[1]

Und damit schließt sich auch der Kreis, der mit ‚Dread Beat and Blood‘ begonnen hatte. Damals beschwor LKJ mit prophetischer Stimme die Reaktion der Schwarzen und Unterdrückten, gegen Rassismus und Polizei- und Staatswillkür in England:

> an if yu eye sharp
> read de vialence inna wi eye;
> wi goin smash de sky wid wi bad bad blood
look out! look out! look out!

1981 dann erschütterten die heftigsten Unruhen, die England je gesehen hatte, die Ghettostadtteile der sogenannten ‚inner city areas‘ von Brixton, Toxteth, Handsworth…
Und 1984 feiert LKJ diesen Durchbruch zum von ihm proklamierten ‚Zeitalter des Aufstandes‘:

> It is so no mistery
> we're making history
> it is no mistery
> we're willing victory

The struggle continues… Während Linton Kwesi Johnson von der Bühne zurücktritt, führen andere Poets ihn auch in großem (Publikums-)Stil weiter: allen voran Benjamin Zephaniah aus England, Oku Onuora, neben Linton der zweite große Klassiker der Dub Poets mit ‚Echo‘ und Mutabaruka, der sich mit seinem kompromißlosen radikalen Auftreten in aller Welt mit seinen ‚Sounds of Resistance' einen Namen macht.

Und solange dieser Kampf weitergeht, mindestens solange wird auch ‚Dread Beat and Blood' seine zeitlose Stellung als eines der wichtigsten Bücher schwarzer Dichtung behalten.

Christian ‚chako' Habekost
Mannheim, Februar 1987

---

1 — Interview mit C.H., October 1986.

GLOSSAR:

DIE STRASSE HINUNTER: Enoch Powell, National Front: Exponenten der rechtsextremistischen, faschistischen Bewegungen in England.

DIE ZEIT KOMMT: David Oluwalde: ein arbeits- und obdachloser Nigerianer, welcher von der Polizei in Leeds umgebracht wurde. Joshua Francis: ein jamaikanischer Arbeiter, welcher von der Londoner Polizei mißhandelt wurde. Panthers: das Black Panthers Movement, eine in den USA entstandene und heute weltweite Bewegung, die sich militant für die Recht der Schwarzen einsetzt.

JOHN DIE KRÄHE: ackee: eine jamaikanische Baumfrucht, deren Form ungefähr einer Birne gleicht.

PROBLEME: dread: die Haartracht der Rastafari (eine in Jamaika entstandene religiöse Bewegung). ,Dread' heißt gleichzeitig ,Schrecken': die Rastafari vergleichen ihre dicken, verfilzten Locken mit der Mähne des Löwen, welcher zum Symbol ihrer Religion geworden ist.

KLASSIKAL DUB: Upsetters: eine der berühmten Musiker-Formationen um den Reggae-Produzenten Lee Perry.

I-YAH: ein unübersetzbarer Ausdruck aus dem Vokabular der Rastafari; er läßt sich umschreiben als eine Art ,potenziertes Ich', will die Kraft des Individuums ausdrücken.

BIBLIOGRAPHIE:

„VOICES OF THE LIVING
AND THE DEAD"   — 1974 bei Towards
                                Racial Justice (heu-
                                te Race Today Col-
                                lective)

„DREAD BEAT AND BLOOD"   — 1975 bei Bogle
                                L'Ouverture Publi-
                                cations LTD.

„INGLAN IS A BITCH"   — 1980 bei Race To-
                                day Publication

DISCOGRAPHIE:

„DREAD BEAT AND BLOOD"   — 1978 Virgin Record
„FORCES OF THE VICTORY"   — 1979 Island Records
„BASS CULTURE"   — 1980 Island Records
„MAKING HISTORY"   — 1984 Island Records
„IN CONCERT WITH THE DUB
BAND"   — 1985 Rough Trade

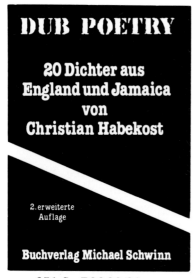

DUB POETRY

20 Dichter aus England und Jamaica von Christian Habekost

2. erweiterte Auflage

Buchverlag Michael Schwinn

DUB POETRY-20 DICHTER AUS ENGLAND UND JAMAICA von Christian Habekost ist die erste Gesamtdarstellung von Dub Poetry, ihren Wurzeln, Entstehung und charakterischen Ausdrucksformen. In Jamaica und England entwickelte sie sich in den letzten Jahren zu einer der wichtigsten Ausdrucksformen schwarzer Kultur, geboren aus der uralten oralen Tradition Afrikas und den Reggaerhythmen.

371 S., DM 22,80
2. erweiterte Auflage
ISBN 3-925077-03-0

20 Dichter, darunter die bekanntesten Repräsentanten Linton Kwesi Johnson, Mutabaruka, Oku Onuora und Michael Smith, werden mit je 3 Gedichten, engl.-dt., vorgestellt. Dazu eine umfangreiche Einleitung, Diskographie und Bibliographie.

„Denn eindringlich sind sie alle, die Stimmen der DUB POETS."

Mannheimer Morgen, August 1986

„Wie beim Lesen von Schweizerdialekten sind die Wortbilder ungewohnt, und man muß sich oft Wort für Wort vortasten. Die deutsche Übertragung ist da sehr hilfreich: sie will nicht Nachdichtung sein, sondern Verständnishilfe."

Neue Züricher Zeitung, Januar 1987

„Insgesamt eine sehr interessante Auseinandersetzung mit dem Thema."

Musikszene, September 1986

„Lesenswert."

Münchner Stadtzeitung, August 1986

VORANKÜNDIGUNG:

Unsere nächsten Veröffentlichungen zum Thema DUB POETRY
sind:

MUTABARUKA — 'First Poems'
OKU ONUORA — 'Echo'

Beide Bücher werden im August/September 1987 im gewohnten
Aufbau erscheinen, d.h. Gedichte englisch/deutsch, im Anhang
mit Diskographie und Bibliographie, Photos und detaillierten
Einleitungen, die auf Gesprächen mit den Dichtern während
einer Jamaika-Reise im August 1986 beruhen.

Herausgeber:
Christian Habekost

Buchverlag Michael Schwinn
Schlesierstr. 25, D—3057 Neustadt 1, Tel. 05032/2213

Im Zusammenhang mit unserer Reihe DUB POETRY können wir auch die folgenden Platten anbieten:

Linton Kwesi Johnson	— Dread Beat and Blood
Mutabaruka	— Check it
	Outcry
	The Mystery Unfolds
Michael Smith	— Mi Cyaan Believe It
Oku Onuora	— Pressure Drop
Word Sound Have Power	— verschiedene DUB POETS
Woman Talk	— beide Platten von Mutabaruka produziert

Preis: pro Platte DM 23,— inkl. Mwst.
Versand- und Portokosten bereits enthalten.
Zahlung: nur Vorauskasse
entweder per Einzahlung oder Überweisung auf eines unserer Konten:

Konto Nr. 107639600	Postgirokonto 378499—302
Volksbank Neustadt/Rbge.	Postgiroamt Hannover
BLZ 251 917 11	BLZ 250 100 30

oder per Scheck an:

Buchverlag
Michael Schwinn
Schlesierstr. 25
3057 Neustadt 1

Zwischenverkauf vorbehalten. Falls Platten vergriffen — Geld zurück.

BOB MARLEY LIVE

16 Photos von Mitsuhiro Sugawara

"… the world's best Reggae Photographer"

Jimmy Riley, Sunsplash 1986, Montego Bay, Jamaica.

Bob Marley (1945-1981), König des Reggae, war schon zu Lebzeiten in seinem Heimatland Jamaica ein Volksheld und wurde international als erster Superstar aus der 3. Welt gefeiert.

Durch seine Musik wurde er unsterblich, und auch heute ist seine Message noch genauso lebendig und mächtig wie damals. "Lively up yourself…" Eine außergewöhnliche Sammlung von seltenen Photos vom international hoch geschätzten Reggae-Photographen *Mitsuhiro Sugawara* aus Japan zeigt Bob Marley in concert, wie man ihn auf Bildern zuvor noch nie gesehen hat: kraftvoll und meditierend, leidend und lebendig.

In einer limitierten Sonderauflage (3-farbiger Spezialdruck auf Hochglanzkarton) oder als Standardausgabe im hochwertigen Einfarbendruck.

Buchverlag Michael Schwinn
Schlesierstr. 25, 3057 Neustadt 1
Tel. (0 50 32) 22 13

KLAUS SCHULZE

…eine

musikalische

Gratwanderung

NEUERSCHEINUNG

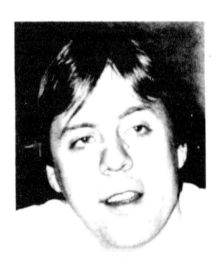

Klaus Schulze

Ein deutsches Wunder oder ein deutscher Spinner? Tatsache ist, daß Klaus Schulze als erster mit dem Synthesizer seine eigene, absolut eigenständige Ästhetik geschaffen hat. Ein Hörerlebnis besonderer Art mit weitreichender Wirkung: so hat er nicht nur selbst weit über 2 Millionen Platten verkauft sondern auch anderen Künstlern wie Jarre oder Kitaro Wege geöffnet und nicht zuletzt dem Synthesizer zum Durchbruch in der Pop-Musik verholfen. Vor Techno-Pop und Computer-Disco war er schon da: der Elektrosound von Klaus Schulze.

ISBN 3-925077-04-9   DM 13,80